Guide to
Buddhist
Psychology

52の「心所」で読み解く
仏教心理学入門

ブッダが教える心の仕組み

アルボムッレ・スマナサーラ［著］
いとうみつる［イラスト］

誠文堂新光社

はじめに

生命は「心」に支配されている

ある人がブッダ（お釈迦さま）に質問しました。「この世界（生命）を支配している主人は誰ですか？」ブッダは「心ですよ」と答えました。「命あるものは、心に言われるままに生きている。"心"という唯一のものに導かれ、管理され、すべてを握られているのです」と。

いかがでしょうか？　**命あるものは、心に導かれている。私たちの行動のすべては、心が主導権を握っている。**このことは、私たちも日々の生活のなかで、実際に確かめられる事実・真理ではないでしょうか？

たとえば食事のシーンを想像してみてください。何を食べるかを決めるのは心です。

心で「パスタを食べたい」と思ったら、その人はパスタを食べます。しかし、心は「でもなあ……太るとイヤだから、豆腐サラダにしようかな」などと、絶えず揺れ動きます。「やっぱりパスタはやめておこう」と心変わりしたら、その人は心に言われたとおり、他のメニューを選ぶのです。

食事のメニューで迷うくらいは些細なことですが、心の決定はしばしば私たちの人生を大きく左右します。心が決めたとおりに行動したために、苦労したり不幸になったりすることもあります。

Ｅコマースのサイトで最新のガジェットを見つけたとします。どうしても手に入れたいと思って「買っちゃえ」と心に決めたら、もうどうしようもありません。ローンを組んででも無理に買ってしまいます。そして、あとからローン残額を見て頭を抱えるはめになるかもしれません。

「そんなことはない。私なら、たとえ気に入っても、支払いが大変と思ったら買わない。そのくらいの自制心はあるよ」とおっしゃる方もいるでしょう。その場合も、自制心を働かせたのは、その人の心なのです。

私たち人間に限らず、生命たるものはすべて、心に命じられたら、どんなことでもやってしまう性質を持っています。まさに、この世界を支配している主人は「心」なのです。

ですから、**自分という存在について明確に理解したければ、唯一の方法は「心」について知ることです。**そして、ブッダの教え（仏教）とは、私たちが「心」の正体を知って、心を正しく用いて、究極の幸福に達するための教えなのです。

仏教のアビダンマは、心について知るための学問

仏教は、今から2600年以上前、ブッダによって開かれ、時代の流れとともにさまざまな流派に分かれて、全世界へひろまってゆきました。

日本に伝わったのは、いわゆる「大乗仏教」です。ブッダが涅槃（ねはん）に入られてから数百年経って成立した教えで、チベットや中国、朝鮮半島を経て伝わったので北伝仏教ともいわれます。

一方、ブッダの時代からの伝統を受け継いできた仏教を、**テーラワーダ仏教（上座仏教、初期仏教）といいます。**パーリ語（古代インドの言語）で“長老の（thera／テーラ）教え（vāda／ワーダ）”という意味で、スリランカ、タイ、ミャンマーなどに伝わったことから南伝仏教ともいわれます。

これから皆さんにご紹介するのは、そのテーラワーダ仏教で研究されてきたアビダンマ（論）という学問の一部です。アビダンマは、ブッダの教えをまとめた経典（経）と僧侶たちの生活規則をまとめた戒律（律）と並んで、経・

律・論の三蔵のひとつに数えられています。現代風に解説すれば、経典で臨機応変に説かれたブッダの教えからエッセンスを抽出して体系化した「ブッダの実践心理学」ですね。

現代社会の心理学は、精神的な病に陥った人々を治療したり、うまく他人を出し抜いたりするために利用されています。心理学といっても、アビダンマはそのような世界とは無縁のものです。私たちが自らの心を成長させ、智慧（ちえ）を開発して、究極の幸福にまで達するためにまとめられた、聖なる心理学なのです。

自分の心を知ることが、幸せに生きる近道

アビダンマを学問として研究しようとすると、主要なテキストだけで7種類あるので大変です。秀才の僧侶が一生かけても学び尽くせないほど膨大な先行研究に圧倒されるかもしれません。しかし、私たち一人ひとりが幸福に達するために、アビダンマの学者になる必要はないのです。

ブッダは、ご自身の教えのエッセンスを「すべての悪をやめること。善を完成すること。自分の心を清らかにすること。それがブッダたちの教えです」（ダンマパダ183偈）という短い詩にまとめられました。

何が悪いことなのか、何が善いことなのか、心を清らかにするにはどうすればよいのか——、そのために必要なことだけを学べば、個人が幸福になるためには十分なのです。

心所（心の中身）を学びましょう

この本では、アビダンマの膨大な教えのなかから、「心所（しんじょ）」という心の中身・心の成分に関する分析をご紹介します。**心の中身について知るのは、自分の心を正しい方向に育てるためです。**心はいつでも働いているものですが、そ

の働きは心を構成する成分が変わることで目まぐるしく変化します。そのときそのときの心にどんな心所が混ざるかによって、心は悪に染まったり、善のエネルギーを起こしたり、智慧の開発に向けて動きだしたりするのです。

心の中身について学ぶことで、私たちは「すべての悪をやめること。善を完成すること。自分の心を清らかにすること」というブッダのガイドラインに従って幸福への道を歩むことができるのです。

一つひとつの心所の名称は、古い伝統を持つ仏教の専門用語です。原語のパーリ語も翻訳された漢字の単語も、皆さんにはとっつきにくいかもしれません。それでも、いとうみつるさんの楽しいイラストの力を借りながら、なるべくわかりやすく解説したいと思います。

自分の心について理解することで、皆さんの毎日が少しでも明るく、発見に満ちたものになることを願っています。この本をお読みになって、心に関する仏教の教えやアビダンマの詳しい中身について興味を持たれた方は、アビダンマを全体的に解説した『ブッダの実践心理学　アビダンマ講義シリーズ』など、他の本にも挑戦してみてください。

もくじ

第3章 ‖ 心を悪に染める14の心所

第4章 ‖ 心を善に変える25の心所

第5章 ‖ 心と心所の結びつき

第1章

私たちを支配している
心所の世界

人間は「心」で生きている

「心の中身」のお話を始める前に、まずは心の存在について考えてみましょう。

「心は、どこにあるの？」
「心って、何？」

この質問に答えられる人は、はたしてどれくらいいるでしょう？
おそらく、まともに答えられる人は、ほんのひと握りではないでしょうか。

子どもに質問すると、
「心は脳にあるんだよ」
「ちがうよ、心は心臓にあるのさ」
と答えるかもしれません。

「心がきれいな人」と言うけれど、「脳がきれいな人」「心臓がきれいな人」とは言いませんから、この答えは正解ではないようです。
心は目に見えないからやっかいですね。
何かにつけて「心は……」「心に……」と言っているのに、ほとんどの方は、心のことを何も知らないのです。

あなたに最初に覚えておいてほしいのは、「私たちは心で生きている」ということです。
なぜなら、**私たちの行動のすべては、心が命令している**からです。
はじめに述べたように、人間はごはんを食べないと死んでしまいますが、もし心がなければ、目の前にごはんがあっても食べることはできません。心がなければ、食べることはおろか、歩くことも話すこともできません。

「心」を発見してみよう

「生きている」というのは、簡単に言えば“動いている”という意味です。

次のように考えればわかりやすいでしょう。

あなたの前に死体があると思ってください。人間の死体です。

それは、ちょっと見るかぎりは眠っている人となんら変わりはありません。しかし大きなちがいがあります。それは、眠っている人は呼吸をしています。目覚めれば動きだし、ごはんも食べます。

要するに、**生きている身体は動く**ということです。

逆に言えば、死体（死んでいる身体）は、何があっても動きません。死体は、ただの物体（モノ）だからです。

生きている身体が動くのは、肉体に感覚があるからです。死体には感覚がないから、揺らしてもたたいても反応しません。

生きている身体（感覚がある身体）は、動かないと苦痛を感じます。試しに、呼吸を止めてみてください。30秒も経たないうちに苦しくなります。それだけでなく、長い時間、立っていても、座っていても、あるいは寝ていても、苦痛を感じ、動かずにはいられなくなります。

見る、聞く、嗅(か)ぐ、味わう、歩く、座る、寝る、食べる、話す、呼吸する、心臓が鼓動する、血液が流れるなど、**すべてを総合して「生きる」というのです。**それらの機能・働きは、すべて心が関係しています。

心は考えることだと思っている人々もいるかもしれません。

しかし、思考とは、心の働き・機能のごく一部にすぎないのです。

心が「命」である

心とは、“生きるための機能＝命”なのです。

モノと生き物のちがいを、動くか、動かないかで区別できることはお話ししたとおりです。

すなわち、**心が活動して身体を動かしているのが「生き物＝生命体」**であり、**心が活動していないのは「モノ＝物体」**ということです。

これは、ブッダの教えを理解するうえで、最も大切な定義です。仏教は現象世界を客観的に、科学的に観察します。けっして感情的に美化したり、ごまかしたりしないのです。この定義をよく覚えておけば、仏教の智慧(ちえ)の世界へとスムーズに入っていけるでしょう。

主観にとらわれて、物事を感情で見ているかぎり、私たちは苦しみの迷路から抜けられません。出口のない堂々巡り（輪廻(りんね)）をくり返す結果になるのです。

仏教では、世の中のすべての現象を科学的に観察することを教えます。感情や偏見で物事を歪曲しないように気をつけるのです。感情や偏見を持ちこまずに生命を観察するならば、「すべての命は平等である」とわかるのです。これはとても大切なポイントです。

たとえば、ニワトリと人間は、ともに生き物です。「たかがニワトリ」という差別感や偏見を入れずに観察すれば、「心が活動している同じ命である」というありのままの事実が見えてくるのです。

人間といっても、感覚機能がある物体です。ニワトリといっても、感覚機能がある物体です。客観的に見れば、差がないのです。

しかし、心はそれぞれの物体を通じて活動しなくてはいけなくなっています。だから、人間という物体にできるすべてのことがニワトリという物体にも平等にできるわけではないのです。逆もまた然(しか)りです。

心が機能する物体に差があるからといって、それで上下関係はつくれません。「船と車の間でどちらが尊いのか」と訊(き)くような質問になります。どちらも乗り物であり、移動手段なので平等です。したがって、すべての命は平等です。

とはいえ、個々の生命は明らかにちがっていて多種多様な存在です。仏教心理学では、**生命の多様性は“業(ごう)”などの因果法則によって成り立つのだ**と解説するのです（32ページ参照）。

心の「知る」機能と「心の中身」の関係

ブッダは、「心が命である」ことを発見しました。

しかし、心を発見しただけではなんの役にも立ちません。心に振りまわされないために、心の働きを分析し、心を維持管理しなくてはならないのです。それができて、はじめて私たちは幸せに生きられるのです。

ブッダが発見した「心」は、単純なものではなく、とても複雑な構造をしています。まず、心の働きを２つに分けてみるとわかりやすいです。

心の働きには、**見る、聞く、嗅ぐ、味わうなど身体が持つ感覚器官によって「知る」機能**と、**心の中身によって「感じる・思う・考える」機能**があります。

たとえば目の前にケーキがあると、心は「ケーキがある」と知ります。鳥のさえずりが聞こえると、「鳥の鳴き声だ」と知ります。カレーライスのにおいがすると、「カレーライスだ」と知ります。これが心の「知る」機能です。

しかし、知るだけでは生きられません。**心には、「知る」機能と同時に、「心の中身」に従って「感じる・思う・考える」機能が働きます。**

ある人は、目の前のケーキを見て「おいしそうなケーキだな」と感じます。しかし、「まずそうなケーキだな」と感じる人もいます。同じケーキを見たのに、認識が異なりました。それは、「ケーキがある」という「知る」機能に入りこんだ「心の中身」がちがったせいです。

「心」と「心所」は切り離すことができない

心の「知る」機能と「心の中身」は、けっして離れることがありません。

パーリ語で「心」を指す同義語はいくつもありますが、アビダンマでは「心」（citta）という用語を使います。

心の中身のことは「心所」（cetasika）といいます。「心にあるもの」「心によるもの」というような意味です。ここからは「心所」の語を使って、心の中身について説明します。

「心」と「心所」の関係は、水と水の成分にたとえるとわかりやすいです。

心所とは、「心の中身」です。言い換えれば「心の成分」のようなものです。

世の中に100％純粋な水は存在しません。水には、微量であっても必ずなんらかの成分が含まれています。水道水、海水、コーヒー、みそ汁、血液……などなど、なかに溶けている成分によって、まったくちがった水になります。

水に毒が入ると、毒水になります。薬が入ると、薬水になります。

水と、水に溶けている成分は、切り離せないのです。

同様に、**なかに溶けている心所によって、いろいろな心が成り立ちます。**心と心所は切り離せません。純粋で混じりけのない心は存在しません。心は必ず、心所とともに生まれるのです。

喜んだり、怒(おこ)ったり、悩んだり、悲しんだり、好きになったりするのは、心所の働きです。悲しんでいるときは、心のなかに「悲しませる心所」が生まれています。同様に、うれしい心、悔(くや)しい心、悩んでいる心など、無数の心があるように感じるのは、すべて心所がさせているのです。

つまり、**私たちが「心」と感じているのは、心所の働きなのです。**

人間の価値は「心所」によって決まる

人間の性格は、「その人の心に、どういう心所が溶けやすいか」ということで決まります。

「慈悲」の心所が溶けやすい人は、やさしい人になります。

「怒り（いかり）」の心所が溶けやすい人は、怒りっぽい人になります。

ただし、心は流動的で、常に変化しています。ですから、性格は固定されたものではありません。条件によって、ころころ変わります。

不善（悪）の心所が溶けやすい人も、訓練すれば、善の心所を溶けやすくすることができます。たとえば、怒りっぽい人であっても「慈悲」の心所を育てると、やさしい人になります。

ここまでの説明でおわかりのように、人間の価値は、その人の心に生じている「心所」によって決まります。

心のなかに、清らかな善の心所があれば、皆から尊敬される人になります。ですから、**私たちにとって最も大切なのは、善の心所を育てることです。**

心所は、全部で52あります。

不善（悪）の心所は、心を暗く狭く弱くします。

善の心所は、心を明るく広く強くします。

ブッダが推奨する、**物事をありのままに観（み）るための「ヴィパッサナー瞑想」も、善の心所を育てるための修行です**（142ページ参照）。

心を暗く狭く弱くする心所が生まれないようにし、心を明るく広く強くする心所を育てあげていく――それが、ブッダの教えの実践です。

次章からは、52の心所を一つひとつ見ていくことによって、一般的に理解し難い「心の中身」をやさしく解説します。

第2章

心の基本的な働きがわかる

13の心所

共一切心心所（共通心所）

01：触（パッサ）

02：受（ヴェーダナー）

03：想（サンニャー）

04：志（思）（チェータナー）

05：一境性（エーカッガター）

06：命根（ジーヴィティンドゥリヤ）

07：作意（マナシカーラ）

雑心所

08：尋（ヴィタッカ）

09：伺（ヴィチャーラ）

10：勝結（アディモッカ）

11：精進（ヴィリヤ）

12：喜（ピーティ）

13：意欲（チャンダ）

善にも悪にもなる「同他心所」

心は、「心所」という52の成分でできていることはすでにお話ししたとおりです。

52の心所には、善の心所もあれば、悪（不善）の心所もあります。そして、大小・強弱があります。仏教の修行の目的は、善の心所を大きく強く育てることです。

そのためにはまず、それぞれの心所の性格を知っておきましょう。

ここで紹介するのは、心の基本的な働きである「同他心所」という13の心所です。それは善でも悪でもない、単なる認識です。

13の同他心所は、７つの「共一切心心所」と６つの「雑心所」に分かれます。共一切心心所は、すべての心に生じる最低限必要な心の働きで、日本語では「共通心所」「必須心所」などと呼ばれています。雑心所も心の基本的な働きですが、すべての心に必ずしも生じるわけではありません。

これら13の心所は、同時に働き、他の心所の性質を受けて善にも悪にもなります。すべての心に必ず、共一切心心所が溶けています。心に悪の心所があれば、共一切心心所のすべてが悪に染まり、雑心所のいくつかも悪に染まります。心に善の心所があれば、共一切心心所も雑心所も善に染まります。このように、同時に生じた他の善悪の心所と同じになるため「同他心所」と呼ばれています。

同他心所とは

アンニャサマーナ・チェータシカ
aññasamāna-cetasika

心の基本的な働き

７つの共通心所に、雑心所のいくつかが加わることで、認識が明確になる

共一切心心所（共通心所）

心の土台となる７つの働き

雑心所

すべての心に生じるわけではない６つの働き

タコ壺の形に合わせてどちらにも入れるタコのようなもの

善の心所とともに働くと善の心所になる

悪の心所とともに働くと悪の心所になる

同他心所

共一切心心所（共通心所）

きょういっさいしんしんじょ

サッバ・チッタ・サーダーラナ・チェータシカ
sabba-citta-sādhārana-cetasika

私たち命あるものすべての心の土台となる心所です。
「すべての心に必ず現れる、欠かせないもの」という意味で、「共一切心心所」といいます。
この7つは、常に働いていますが、それだけではとても弱い認識機能です。

共一切心心所
01

触（そく）

パッサ　phassa

[心が対象に触れる働き]

「触れる」ことから認識が始まる

認識は変化しつづけている

《触》とは、心が対象に触れる働きです。

触れることは、生命体の基本です。私たち命あるものは、対象に触れることによって、それが何であるか認識します。

認識こそが「生きている」という証です。

仏教では、生命体を「眼」「耳」「鼻」「舌」「身（体）」「意（心）」６つの感覚器官としてとらえています。その６つから情報を得ることが認識であり、「生きている」ということは、それ以上でも、それ以下でもないと考えます。

認識するためにはまず、６つの感覚器官（眼耳鼻舌身意）が、その対象（色声香味触法）に触れる必要があります（右ページの図参照）。

どの感覚器官がどの対象に触れるかは、それぞれ決まっています。たとえば、眼は色や形に触れます。対象全体に触れるのではなく、そのほんの一部である色や形だけに触れるのです。

同様に、耳は音に、鼻は香りに、舌は味に、身（体）は熱や硬さに、意（心）は法（概念）に触れます。こうして感覚器官がその対象に触れると、それぞれの認識（視覚・聴覚・嗅覚・味覚・触覚・思考）が生まれます。

ここで大切なのは、感覚器官も触れる対象も瞬間瞬間に生じ滅し、変化しつづけているということです。**物事が絶え間なく流れているからこそ、新たな認識が絶え間なく生まれるのです。**永遠不滅に変化しないものなど何ひとつありません。

心は「今・ここにないもの」も認識する

６つの感覚器官のうち眼耳鼻舌身の５つは、「現に今・ここにあるもの」を認識するだけなので、それほど問題はつくりだしません。

私たちの心に**さまざまな悩みや苦しみをつくりだす元凶となっているのは、**

6つめの感覚器官である「意」です。

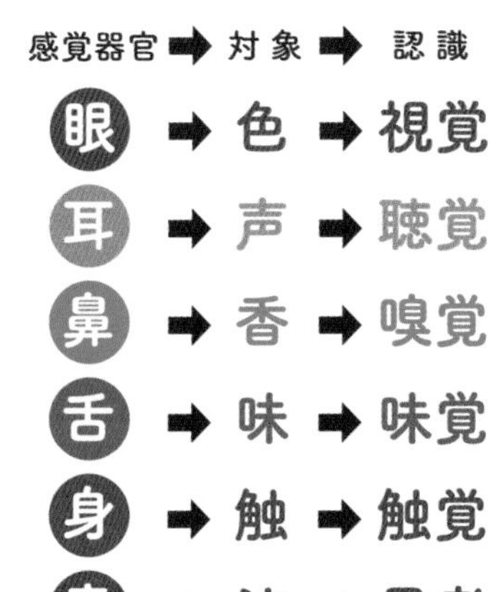

私たちがふつう「心」と呼んでいるのは「意」のことです。

じつは私たちは多くの時間、「今・ここにないもの」のことを考えています。過去のことや将来のことなどをいつも考え、実在しない物事を空想しています。それが苦悩のタネになっているのです。

たとえば、1時間前にケンカして別れた友だちのことを今現在も怒(おこ)っているとしたら、頭のなかにつくった幻想に対して怒っているということです。1時間もの間、あなたの意（心）は頭のなかの幻想に触れつづけているのです。

負の感情のエネルギーは強烈ですから、怒(いか)りは怒りを生んでみるみる増殖します。

「なんで私が、アイツにあんなことを言われなきゃならないの！」

「頭にきた！ そもそもアイツは……」

——このように、さらに新たな怒りを生んでいきます。

心はいつも、頭のなかの幻想にすぎない“感情のやまびこ”に振りまわされていると理解するとわかりやすいかもしれません。

それでは、私たちは感情のやまびこに振りまわされず、心にまったく刺激を与えずに生きることはできるでしょうか——。

答えは、ノーです。

心には、なんでも刺激になるからです。たとえ何も刺激がなくても、「刺激がない」ということを認識します。つまり、**心は常に何かしら思考している**ということです。だから、心の働きが停止することはありえないのです。

共一切心心所
02

受（じゅ）

ヴェーダナー　vedanā

[触れたものを感じる働き]

「触れた」と「感じた」は同時に起こる

触れても感じなければ、認識は生まれない

《受》とは、感覚。すなわち、感じる働きです。

感じる場所も、《触》と同じく6つの感覚器官（眼耳鼻舌身意）です。

私たちは、眼耳鼻舌身意に触れないものは認識しません。また、触れても感じなければ、認識は生まれないのです。触れて感じるのは瞬間的なことなので、はっきり区別されないかもしれません。

たとえば、私たちの耳は、さまざまな音に触れています。しかし、人と会話しているときは、相手の声だけを選んで感じとっています。そして、その言葉によって脳にいろいろな考えが浮かんでも、自分が気になる部分だけを受け取って、喜んだり不快に思ったりしているのです。ほめ言葉を強く感じとれば、うれしさがこみあげてきますが、脳がその言葉を感じとらなければ、うれしくもなんともありません。

感じないものは、ただそのまま流れていくだけ。それは、物体が物体に触れたのと同じことです。私たちは、感じないものを認識することはなく、知りえないのです。知りえないことは、人間だけでなく、動物でも、鳥でも、虫でも、アメーバでも、命あるものになんの問題も引き起こしません。ですから、**認識にとって《触》の次に大事なのが《受》です。**

《受》の理解が、"悟り"への道

私たち人間は、感じたものを認識します。

ところがなぜかそこに、「私」という幻想が入りこんできます。

たとえば、私たちは眼で何かを見た瞬間、「私は見た」と思います。耳で何かを聞けば、その瞬間、「私は聞いた」と思います。つまり、「見た」「聞いた」など、何かを感じるたびに「私」「私」という幻想が現れるのです。

感じる働きから「私は知った」という認識が生まれ、その認識が「私」とい

う幻想を生みだしているのです。すなわち、「何かを感じている主体としての私がいる」と思ってしまうのです。

人間は、「私」という幻想にものすごく執着しています。「私こそが、何よりも大切だ」と思っています。「かけがえのない自分」「本来、皆、仏である」などの言葉を聞くと、うれしくなります。それは、私たちの弱みからきているのです。私たちが「悟りをひらきたい」と願うのも、自らの弱みを否定したい気持ちに由来しています。

人は誰でも、失敗します。病気になります。失望します。私たちは、生きているなかで、物事が自分の意のままにならないことを、イヤというほど知っています。いつも心のどこかに不満や不安があります。そう感じているからこそ、皆、そういう弱さを否定したいのです。自分のなかに確固たる素晴らしいものがあると信じたいのです。

仏教の修行は《触》と《受》を認識することで始まります。しかし仏教以外、ほとんどの宗教の修行は、感じる働きをごまかしているだけです。

たとえば、何日も眠らずに呪文をとなえつづけたり、冷たい滝に打たれたりすれば、いわゆる神秘体験をするかもしれません。それによって自分が特別な存在に感じられたとしても、それは異常認識の世界であり、自分の弱みを感じないですんでいるだけなのです。

ブッダは出家して、さまざまな苦行をおこないました。しかし、「苦行で得られるものは、《受》から生じている異常認識にすぎない」と考え、苦行を捨てました。その後、菩提樹の下で瞑想をして、悟りをひらきました。

つまり、「私」「私」と思うのは、瞬間瞬間、生じ滅する無数の《受》の流れにすぎないということです。その無数の**《受》から生じる「私」という幻想への執着をなくすことができれば、そこに素晴らしい心の安らぎがあるのです。**

共一切心心所
03

想（そう）

サンニャー　saññā

[対象を他と区別する働き]

感じれば印象が残る

《想》は、言葉になる以前の「印象」のようなもの

《想》とは、認識する対象を他と区別する働きです。

「認識する」とは、「これはこういうものだ」という概念をつくることです。

概念をつくることは、人間だけでなく、動物も、鳥も、虫も、アメーバも、命あるものなら皆、ふつうにやっています。

生命が生存するためには、認識による判断が欠かせません。「食べられる、食べられない」という判断も、そのうちのひとつです。その判断は、それぞれの生命によってちがいます。しかしどんなものでも、生きるために何を食べればいいか、誰に教わらなくても知っています。各生命が、それぞれ自分の都合に合わせて概念をつくっているのです。

すなわち、**《受》で感じた対象を他と区別するための概念をつくっているのが《想》です。**しかし、概念を具体的に言葉で説明することは困難です。

なぜなら、言葉はあらゆるものを同一化してしまうからです。たとえば、チューリップもサクラも、「花」という言葉で言えば、同じです。でも、私たちの心は、チューリップとサクラを区別して認識しています。

《想》には、言葉と同様に「同一化する」働きもありますが、一方で「区別する」働きもかねそなえています。あえて言えば、《想》とは、言葉になる以前の、触れて感じた瞬間の「印象」のようなものです。

昨日、生まれて初めて会った人がいて、また今日も、その人に会うとしましょう。その人の姿を見た瞬間に、昨日会った人だとわかります。

心は、今まで知っている人のなかから、昨日の印象の人間像を選びだし、「昨日会った人だ」と認識したのです。

しかし《触》の項で説明したように、触れる対象は瞬間瞬間、変化しつづけています。同じ人であっても、昨日のその人と、今日のその人は、厳密に言えば同じではありません。また、自分も瞬間瞬間変わっています。それでも《想》の働きによって同一人物と認識できるのです。

また、双子だったとしても、まったく同じ人はいません。いろいろな工夫をして区別をつければ、もう間違えることはなくなります。

私たちは、常に《想》をつくりだしている

《想》は、明確な場合も、そうでない場合もあります。

一度会ったことがある人なのに、思いだせないことがありますね。それは、過去に起こった《想》が弱かったのです。

一般的に、**強い《想》を「記憶」と呼んでいます。**

「勉強する」とは、1つの物事に対して、いろいろな区別をして、あとで思いだせるように記憶することです。勉強ができる人は、いろいろな角度から情報を集めて《想》を明確にするのが上手なのです。

つまり、勉強ができるというのは、区別がよくできるということです。くり返し、学習するのも同様です。《想》がたくさん生まれると、すぐに区別ができるようになります。これが「覚えた」「記憶した」ということです。

ただ、《受》の項で述べた「私」という幻想は《想》からも生まれます。外の世界を区別することで、「私が区別している」ように思ってしまうのです。

私たちは「自分は、生まれてから今までずっと同じ自分だ」と思っています。しかしそれも、《想》による妄想です。赤ちゃんのときの自分と、現在の自分とでは、身体も、考えも、変化しているはずです。同じなのは「名前」だけ。それなのに、「自分」という、何か変わらないアイデンティティー（同一性）があるように錯覚しているのです。

一切の現象は一度きり。その瞬間瞬間、いろいろな《想》が生まれては消え、流れつづけているだけです。「いつも同じことを考えている」といっても、「こうしたらどうだろう、ああしたらどうだろう」と、毎回ちがうことを考えているのです。

共一切心心所
04

志（思）

チェータナー　cetanā

[行動を起こさせる働き]

瞬間的に生まれる意志

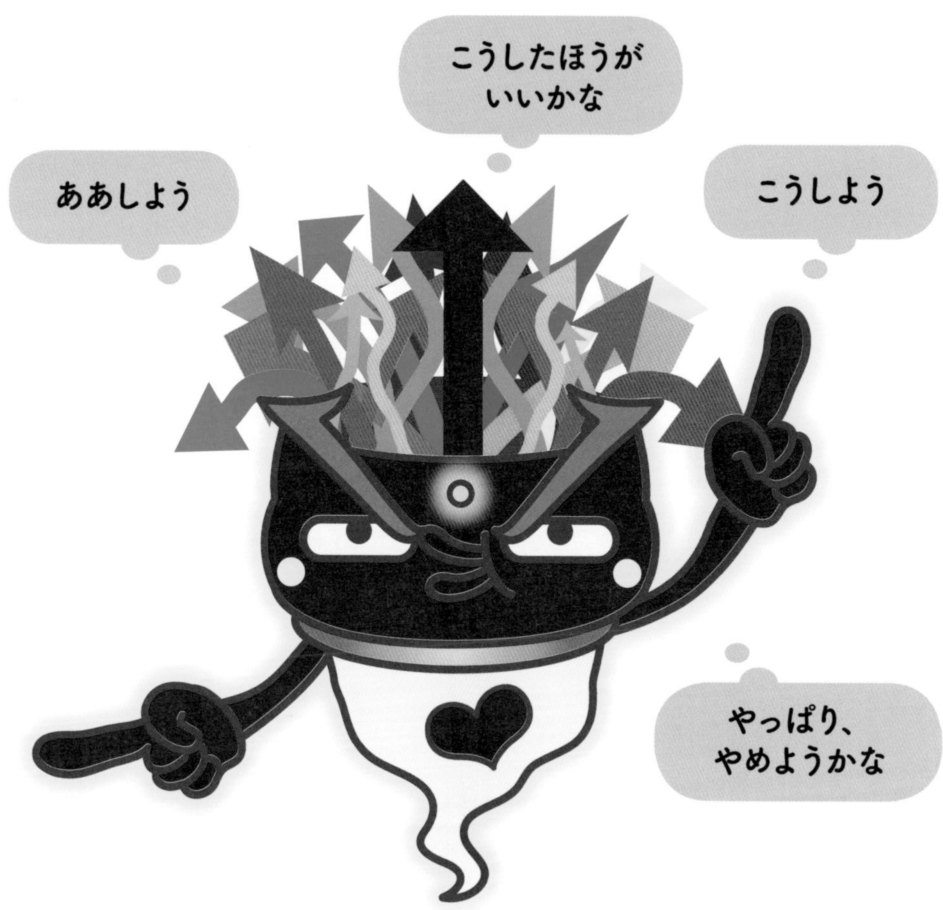

弱い「意思」も強い「意志」も《志》の働き

行動を起こさせる心の働きを《志（し）》といいます。

人間の行動は、すべて心が決めて、心がやらせています。行動を起こすか起こさないかは、自分の意志で決めているのです。

「意志」といっても、「○○をしよう」とはっきり自覚できるようなものではありません。日本語には「意思」と「意志」があります。

「意思」とは、心のなかに思い浮かべる、何かをしようという考え、思い。英語で言えば、「intention（インテンション）」。

「意志」とは、物事を成し遂げようとする積極的な志（こころざし）。英語で言えば、「will（ウイル）」。

ここでは、パーリ語の「cetanā（チェータナー）」を《志》と訳しましたが、**「意思」と「意志」の両方の意味**を含んだ言葉です。漢訳仏典では「思」と訳されます。

《志》は、どんなときにも働いています。

眼を開けていれば、自動的に何かが見えますね。そのときには、意識せずとも「見よう」という弱い「意思」が働いています。さらに、意図的に見ようとすれば、強い「意志」が働きます。

《志》を働かせると、ムダがなくなる

仏教の経典には「ブッダを見ただけで、人々は心清らかになって、ブッダを信じ、修行するようになった」と書かれています。

なぜ人々は、ブッダを信じたのでしょうか？

ブッダが歩けば、その歩き方に皆、驚きました。首を振ったり、手を振ったり、あちこち見たりといったムダな動きがまったくなかったからです。

歩くときは、ただ歩くという行為をするだけ。なぜ、ムダな動きがないかといえば、心が調（ととの）っているからです。何か行為をするとき、**その動きにだけ**

《志》を働かせているのです。

ブッダは、「**心を調えて、だんだん心が落ち着いてくると、身体の行動も落ち着いていき、自己コントロールができるようになる**」と説いています。しかし、そうした説法を聞かなくても、ただブッダを見ただけで、見た人の心は落ち着いてしまうのです。

私たちも、意志で行動しています。でも、考えごとをしながら、他のことをやったり、身も心も落ち着いていません。それで忙しくて時間がなくなり、やるべきことをやり終えないまま、途中で人生が終わってしまうのです。

修行に《志》を活かす方法

《志》は、“業（ごう）”（kamma（カンマ））になります。いわゆる「カルマ」ですね。

“業”とは、必ず結果を出すポテンシャルのことです。仏教では、**現在の事象は過去の行為を原因としており、現在の行為は必ず将来の結果をもたらす**と強調します。私たちは自分の行動に責任を持たなくてはいけないのです。

“業”となるのは、自分の強い意志で行動しようとする心の働きです。

「何かが見える」「何かが聞こえる」という認識から生まれる《志》だけなら、“業”にはなりません。しかし、「よく見たい」「もっと聞きたい」という感情をともなう《志》は、“業”になります。かすかであっても感情が起こると、自分の意志で感情をコントロールするのはむずかしいことです。

仏教の修行の目的は、善の心所を大きく強く育て、自己コントロールすることです。自分の悪い感情に気づいたら、「私には今、悪い感情がある。感情に従って行動したらよくない」と自分の心を客観的に観察し、善の《志》によって行動を起こすことです。悪業（あくごう）を断ち切り、善業（ぜんごう）を引き寄せるのです。

たとえば、歩いているとき、誰かにぶつかってしまったとします。そこで「どこを見て歩いているんだ！」と相手に腹をたてて怒（おこ）ったら悪業になります。相手を気づかって「大丈夫ですか？」と言えば、善業になります。

共一切心心所
05

一境性（いっきょうしょう）

エーカッガター　ekaggatā

[対象に集中する働き]

対象と瞬間的に一緒になる

《一境性》は、瞬間的な集中

《一境性(いっきょうしょう)》とは、対象と瞬間的に一緒になることです。

6つの感覚器官によって「見る」「聞く」「嗅(か)ぐ」「味わう」「触れる」「考える」**その瞬間に、認識する対象に集中すること。**この「瞬間的な集中」の働きをいいます。

何ごとも、その瞬間の集中がないと、認識できません。

しかしこれは、一般的に言う「集中力」とはちがいます。たとえば授業中、先生の話を聞いているとき、耳は先生の声に集中していますが、ふと外の音に集中したら外の音が聞こえ、先生の声は聞こえなくなります。

このように、**さまざまな対象にフォーカスしつづけるのが《一境性》の働き**です。すなわち、心は好き勝手にいろいろなところを走りまわっている状態ですから、「集中力がある」とは言えません。

「集中力」とは、心を1カ所にとどまらせた状態をいいます。

対象を他と区別する《想(そう)》を育てると、知識が明確となり、知性ある人となります。行動を起こさせる《志(し)》を育てると、しっかりと結果に結びつく行動力抜群な人となります。しかし集中力がなければ、知識や、やる気だけあっても、勉強はできず、実行には結びつきません。

だからこそ、私たちは《一境性》を育てる必要があるのです。

《一境性》を育てて集中力を高める方法

子どもは、好奇心が旺盛なので勉強ができそうですが、逆に言えば、いろいろなものに気が向くため、集中力には欠けています。だから、分別ある大人よりも、子どものほうが勉強しにくいのです。

子どもに勉強させるためには、子どもが興味を持つようにいろいろな工夫をします。

たとえば、数え方を教える場合、ただ「1、2、3、4、5」と指を折っても覚えてくれません。おもちゃを持ってきて、「これで1つ」。もうひとつ持ってきて、「これで2つ。キミは、おもちゃをいくつ欲しい？」などと教えれば、子どもは興味を持ち、すぐに数の数え方を覚えてしまいます。

大人であっても、必要があって英語を習得しなければならない場合など、**強引にでも面白がらないと、集中力は保てません。**

最初は、こうした方法で《一境性》を育てていくのがいいでしょう。

心を1カ所にとどめておく「サマーディ瞑想」

さらに瞑想によって《一境性》を育てることで、禅定（ぜんじょう）（samādhi（サマーディ））に入ることができるようになります。

瞑想は、認識を管理する修行法です。**無作為にさまざまな対象にフォーカスしつづける心を1カ所にとどめておく瞑想法を「サマーディ瞑想」といいます。**

いちばん簡単なのは、呼吸だけに集中する方法です。「吸っている」「吐いている」と、絶えず頭のなかで言葉を念じ、呼吸に集中するのです。サマーディ瞑想中も認識は好き勝手に起こりますが、あるとき、心が好き勝手にいろいろなところを走りまわるのをやめて、呼吸と一体になります。

心が落ち着くと集中力が高まり、欲望や怒（いか）りなど心を惑わす感情が遮断され、喜びにつつまれます。この認識経験が「第一禅定」の境地です。

この境地に達した《一境性》は善心所（浄心所（じょうしんじょ））に分類されます。

禅定に入ったら、そのわずかな時間の間で人間の通常の認識機能はほとんど止まります。たとえ眼を開いていても見えません。音がしても聞こえません。《一境性》という心所を「集中力」として育てる訓練をしたから、1つの対象のみに集中していることができるようになったのです。

そのとき、眼耳鼻舌身（げんにびぜっしん）に入る色声香味触（しきしょうこうみそく）に振りまわされることはないのです。意（心）が1カ所に集中しているからです。

共一切心心所
06

命根

みょうこん

ジーヴィティンドゥリヤ　jīvitindriya

[瞬間瞬間に心を生かす働き]

心の瞬間的な命のリレー

命は、生滅変化をくり返している

《命根》とは、心が生じ滅し変化する働きです。

「命」という言葉を使っていますが、これは“たましい”みたいなものではありません。

テーラワーダ仏教では、すべてを、物質的なものと、精神的なものに分けて考えます。物質的なものである身体の生命エネルギーを《命色》(jīvita-rūpa)、精神的な生命エネルギーを《命根》(jīvitindriya)といいます。

私たちは、生きています。「生きている」というのはどういう状態なのか、石や机などのモノ（物体）とくらべてみると、よくわかります。石や机などは、割れたりすり減ったりしたら、元にもどることはありません。しかし人間の身体は、どこか壊れても、自分自身でなんとか修復しようとします。それができなくなったとき、死が訪れます。

私たちの身体を細胞単位で見ると、傷ついたり古くなった細胞はどんどん死んでいき、新しい細胞がどんどん生まれています。これが《命色》です。

それは、身体だけではありません。**心も、どんどん新しい心が生まれては死んでいます。**花を見れば、花を見る心が生じ、花のにおいを嗅げば、花を見る心は滅し、今度は花のにおいを嗅ぐ心が生じます。心は、そのときそのとき一瞬の命を持ち、生滅変化をくり返しています。この心の瞬間的な「生きている」働きを《命根》といいます。

物質をつくっている四大元素

テーラワーダ仏教では、「物質はそこにあるがままに理解しなさい」と教えています。大乗仏教のように「すべては“空”だ」と結論づける前に、「物質」と「心」のそれぞれの働きをきちんと区別して分析する必要があるのです。それが、順を追って“空性”という智慧に達するための道筋でもあります。

物質はすべて、「地」「水」「火」「風」という四大元素の組み合わせによってできあがっています。

物質の構造は一般人には理解し難く感じるのです。ですから、誰もが知っている「地」「水」「火」「風」という４つの言葉を当てたのです。一般的な理解は、このとおりになります。「地」は大地を形成している固体、「水」は流れる水、「火」は熱をつくって物事を変化させる、「風」は吹く風です。

それから、四大元素として見てみましょう。

いかなる物体にも、硬さがあります。質量があります。硬さ・重さ・質量をつくる働きは「地」です。**物質を原子単位で見ても、素粒子単位で見ても、単独には存在しないのです。**互いにつながっているのです。１個の原子もたくさんのエネルギーの集合体です。

エネルギーが互いにつながる働きを「水」の元素といいます。水（water）という単語が合っています。たとえば私たちの身体の水分がすべてなくなってゼロになったと想定しましょう。身体はチリの山になります。

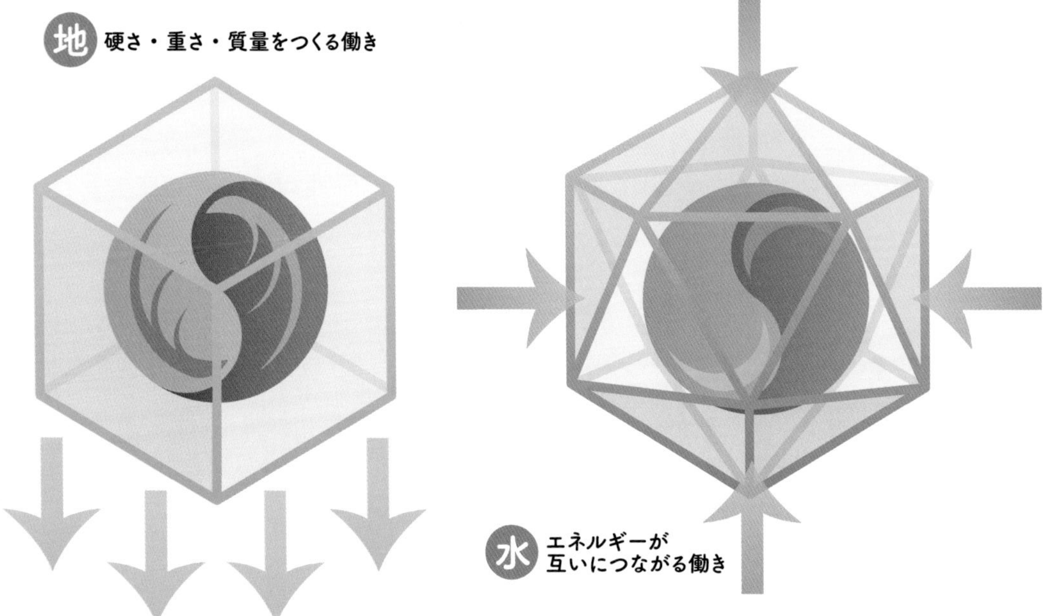

「風」とは、物質と物質の間をつくる働きです。引き離す働きです。水の働きで物質が限りなくつながると、すべて互いにダブってしまってなくなるはずです。１個の物質がもう１個の物質と引き寄せられてつながっていますが、風が働いて間をつくるのです。袋から取り出した風船には、ある程度の大きさがあります。しかし、それに風を吹きこむと、体積が徐々に大きくなります。「風」の元素が働くから、物質に体積が成り立ちます。

何かに火をつけたら、目の前でその物質が変化して別なものに変わるのです。**物質は何ひとつも停止していないのです。常に変化して変わっているのです。**それから、物質には熱もあるのです。「変化」と「熱」は同じ働きです。すべての物質に含まれているこの特徴は、「火」の元素といいます。

物質は単独には存在せず、
常に変化しているよ

身体があるから、心がある

動物も、鳥も、虫も、アメーバも、人間も、その身体は四大元素の組み合わせによってできている物質にすぎません。しかし、人間をはじめとする生命体は心を持ち、ただの物質にすぎない石や机などのモノとは明らかにちがいます。

生命体には、モノとはちがう５つの物質的な働きがあります。それは、「眼耳鼻舌身」という５つの感覚器官です。これらが対象に触れることによって認識が生まれ、それをまとめる働きが意（心）です。

身体がなければ、心は何も知ることはできません。**私たちが持っているすべての知識・考えは、身体を通して得ている**ということです。

生命体の物質的なエネルギーである《命色》については、「感覚器官としての内側の物質が眼耳鼻舌身（浄色）であり、感受される外側の物質が色声香味触（境色）である」と整理して終わりです。

それから《命根》を《命色》とわざわざ区別して理解する必要はないと思います。

「**心の寿命は瞬間である**」と言われています。瞬間の長さについて、たとえ話を用いた説明があります。たとえば、「指を１回鳴らす間に、心の生滅は何百万回も起こるのだ」というような話です。現代的な言葉を借りれば、ナノ秒（1秒の10億分の１の時間）の世界です。当時では「ナノ秒」の概念はなかったのです。アビダンマ学僧たちは、心は瞬間の寿命を持っているので、瞬間の間で心を生かすエネルギーを想像して《命根》という用語をつくったのです。**心と、その中身である心所も、瞬間瞬間、絶えず生まれては消えるのです。**その働きを意味する用語が《命根》です。

「瞬間瞬間絶えず生滅して流れる」という考えは、命を維持する《命根》という心所がなくても成り立ちます。しかし、命あるものは皆、元気に生きようとしています。その「生きよう」という衝動も、心の働きのひとつです。それが《命根》だと理解しておきましょう。

共一切心心所
07

作意（さい）

マナシカーラ　manasikāra

[心を作動させる働き]

心が対象に向くエネルギー

第2章 心の基本的な働きがわかる13の心所　共一切心心所

心は、印象が強い対象に勝手に向かう

《作意》とは、心が対象に向かう働きです。

たとえば、大事な話をしていても、何か大きな音がしたら、心はすぐにそちらに向いてしまいます。

行動を起こさせる心の働きである《志》と似ているように思われますが、異なるものです。ざっくり言うと、ジュースを見たとき、《志》は「飲みたいなあ」という心、《作意》は「じゃあ飲もう」という心です。一瞬の心の働きを分けて考えているのです。

「飲みたいなあ」と思っても、ゲームをやっている途中で心がゲームに向いていれば、ジュースを飲まずにゲームを優先するでしょう。

《一境性》の項で、「吸っている」「吐いている」と絶えず頭のなかで言葉を念じながら呼吸に集中するサマーディ瞑想のいちばん簡単な方法（35ページ参照）を紹介しましたが、瞑想中に突然何か思いだしたりすると、心はすぐにそちらに向かってしまいます。これも《作意》の働きです。

心は《作意》の働きによって、そのときそのとき、印象が強い対象に勝手に向かうので、心を自己コントロールするのはむずかしいことです。

なぜ、人間は自由に生きられないのか

私たちは、常に《触》《受》《想》《志》《一境性》《命根》《作意》という7つの心所の働きのなかで生きています。

この7つの心所はすべて、一瞬の働きであり、私たちの心として、24時間休みなく働いています。だから「共一切心心所」と呼ばれているわけですが、そのときどきで、どれかが強くなったり、どれかが弱くなったりして、認識は一定しません。心は強烈な刺激に向きやすいのです。

「よし、やろう」と決断しても、私たちの気持ちは常に揺らいでいるのです。

強烈な刺激に自然に心が向いてしまうからです。私たちは、初心を貫こうと努力しますが、なかなかうまくいきません。これも、人間にとって苦しみのひとつとなります。

《作意》を育てれば、自由になれる

人間は、心所の認識にただ流されて生きているだけで、自分の意志でしっかり生きているわけではありません。キリスト教やイスラム教など一神教の信者は「私たちは神に生かされている」といいますが、「自己コントロールできない」という点では同じです。

ブッダは「自分の意志でしっかり生きなさい」「心を自己コントロールすることが自由になることだ」と説いています。

《作意》を自己コントロールするためには、認識対象に心を定めて流されないようにする《精進(しょうじん)》（51ページ参照）、「今・ここにあるもの」に専念する《念(ねん)》（95ページ参照）などの心所を育てることが必要です。

たとえば、呼吸やロウソクの火などの認識対象に心を定めて**《作意》を向けつづける訓練をすると、《一境性》が育っていき、心の安らぎが得られます。**

人と会話していても、《作意》の働きが弱いと「え〜と、何だっけ？」と聞きかえしたりしますが、《作意》が働いていれば、話の内容をしっかりと理解することができます。

「気にする」「気にしない」を《作意》の働きとして説明することもできます。たとえば電車に乗っていて、まわりの人々のことが気になると「満員だ。苦しい」と感じますが、スマホを見たり、音楽を楽しんだりしていると、ぜんぜん気になりません。

このように《作意》を自己コントロールできれば、役に立ちます。また、気が楽になります。

同他心所

雑心所

パキンナカ・チェータシカ
pakiṇṇaka-cetasika

08 尋
ヴィタッカ
vitakka
対象を心にのせる働き

09 伺
ヴィチャーラ
vicāra
対象について考える働き

10 勝結
アディモッカ
adhimokkha
対象から心が離れない働き

11 精進
ヴィリヤ
viriya
努力する働き

12 喜
ピーティ
pīti
喜びの働き

13 意欲
チャンダ
chanda
行動を起こす働き

すべての心に必ず生まれるわけではありません。
しかも、他の心所の影響を受けて善にも悪にもなるため、「雑心所」と呼ばれます。
雑心所が入ると、認識が強くなり、はっきりします。

雑心所
08

尋（じん）

ヴィタッカ　vitakka

[対象を心にのせる働き]

認識をはっきりさせる論理作用

瞬間的に働く論理作用

《尋》は、物事を認識するときに必要な論理作用です。

動物が他の動物を見たとき、獲物になる対象かどうか区別・認識するときに働くのが《尋》です。論理作用といっても、瞬間的なものです。

ただ、はっきりしていることや、気にしないことには、《尋》は生じません。

私たちは、見たことがないものが眼に映ったり、聞いたことがない音が耳に入ったりしても、ぜんぜん反応せずに無視することがあります。そのとき、共一切心心所である《触》の働きによって「何か見えた」「何か聞こえた」ということは認識していますが、何が見えたか、何が聞こえたかはまったくわかりません。気にしないときの認識は、とても弱いものです。

そこに、「今、見えたものは何だろう？」「聞こえた音は何だろう？」と《尋》を働かせると、「これは花だ」「あの音はパトカーだ」というように認識がはっきりします。

「なぜ、それが花なの？」「なぜ、パトカーだと思うの？」と聞かれて明確に説明ができなくとも、**心は対象を即座に区別して認識します。この情報処理能力が《尋》です。**

誰でも自分なりの論理構造を持っている

誰でも、何かを見たり、聞いたり、行動したり、考えたりするとき、自分なりの基本的な論理構造に従っています。それがないと、物事を認識することも理解することもできません。

たとえば飲み物を机の上に置くときに、右利きだから、そのまま右に置く人もいれば、右手にはペンを持つので左に置く人もいます。

自分自身で気づいていなくても、私たちはそれなりに理由があって行動しているのです。

雑心所

09

伺(し)

ヴィチャーラ　vicāra

[対象について考える働き]

結論を直感する思考能力

思考は《尋》と《伺》の働き

物事を認識しようするときには、前項の《尋(じん)》とともに《伺(し)》が働きます。

まず「これは何だろう？」と思って「花だな」と認識するのは《尋》の働きです。そして「見たことがない花だなあ」と思ったときに強く働くのが《伺》です。

同じ物事について、何人かが認識するとき、明確に認識する人もいれば、なんとなく認識する人もいます。心所は、人によって強弱・大小があるからです。また、あるとき明確に認識した人が、あるときにはなんとなく認識するという場合もあります。一人の人でもいつも同じ力で、物事を認識するわけではありません。そうした差を引き起こす要因となるのが《尋》と《伺》です。

《尋》と《伺》が働いているというのは、簡単に言えば、「考えている」ということです。では、**「なぜ、考えるのか」といえば、物事を明確に理解するためです。**

《伺》を育てれば、思考力が高まる

私たちは通常、考えるときに頭のなかでしゃべっています。「思考」と「言語化」を同時におこなっているのです。思考とは、概念を自分なりの論理で並び替えることであり、言語化とは、その思考を他人に伝えるための行為です。

自分の思いを言語化するには時間がかかりますが、思考は次々と瞬間的に起こるものです。ですから**思考力を高めたければ、言葉抜きで考えることです。**

日常生活では、言葉を介さずに考えている場面が多くあります。

たとえば、階段を下りるときに転びそうになったら、瞬時に手すりや壁をつかみます。道を歩くときは、車や障害物を自然によけています。このように**《伺》を育てて思考力を高め、勉強や仕事に活かせば、正しい結論を直感できるようになります。**

雑心所
10

勝結（しょうけつ）

アディモッカ　adhimokkha

[対象から心が離れない働き]

集中力にも執着心にもなる

善くも悪くも気になってしまうのが《勝結》

《勝結(しょうけつ)》とは、心が対象に引っかかって離れられない状態です。

推理小説を読みだしたら、その先が知りたくて、「早く仕事を終えて本を読みたい」と思うのが《勝結》の働きです。もうひとつの例として、人から何か言われて、その言葉がずっと気になってしまうこともありますね。

一見、集中力のように見えますが、そうではありません。たとえば受験勉強に集中しようと思っても、気がかりなことがあると、心はそちらに引っかかってしまって、受験勉強に身が入りません。

善い方向に働けば、集中力につながりますが、悪い方向に働けば、執着心となります。ですから**《勝結》とは、善くも悪くも、心が対象から離れない働き**をいいます。

善い方向に働くと、素晴らしい結果が得られる

重い病気になって、病気のことが頭から離れない。トラブルがあって、そのことばかり考えてしまう。何をやっても、その悩みから離れられない状態になってしまうと、やっかいです。そういうときは、《勝結》が悩みの対象から離れるように、無理やりにでも何かに眼を向けてみることです。

私たちは、瞬間瞬間、さまざまなことを認識しています。だからこそ、認識が起こるたびに、その対象から心が離れていかないように貼りつけておくのが、望むべき本来の《勝結》の機能といえます。

２つの《勝結》があると理解してください。ひとつは、重病に罹(かか)ったらそればかり気になって他のことはすべて無視する、あるいは、ゲームからなかなか離れられなくなるというときに働く《勝結》です。もうひとつは、意図的に、何かに興味を抱いて認識する場合に働く《勝結》です。**私たちは、役に立つことに対して意図的に《勝結》をつくることもできるのです。**

雑心所 11

精進（しょうじん）

ヴィリヤ　viriya

[努力する働き]

頑張れるエネルギー

《精進》は、目的に向かって努力するエネルギー

《精進(しょうじん)》とは、「こうしよう」と決めて、その方向に努力をすることです。

私たちは「試験に合格したい」「昇進したい」「車が欲しい」などなど、夢を持っています。たとえば、車を買いたいけどお金がないとき、「買いたい」と強く思えば、お金を手に入れるためにさまざまな努力をします。節約したり、仕事を増やしたり、いらないものを売ったり、お金を貯めるのは大変ですが、こつこつ努力すれば、いつかは車が買えます。

こうした物質的な欲望をかなえるための努力も《精進》にはちがいありませんが、**仏教の修行で育てたいのは、心を自己コントロールする《精進》です。**心が自然に引っ張られるのは、悪い方向のこともあるからです。

たとえば、授業中にお祭りの笛や太鼓の音が聞こえてきても、それを無視して先生の声を聴こうとします。この働きが、目指すべき《精進》です。

《精進》を善い方向に育てることが仏教の修行

善い方向に《精進》の心所を育てないかぎり、人間は煩悩(ぼんのう)の奴隷です。

眼に映ったものを、見たいから見る。耳に聞こえたものを、聴きたいから聞く。自分は自由に好きなことをしていると思うかもしれませんが、ただ心の願望に操られているだけです。好きなものに対しては「もっと欲しい」と欲張ってしまいます。悪口を言われれば腹が立ちます。**私たちは、欲望や怒(いか)りの方向へ流されやすく、自分がいかに不自由なのか、まったく気づいていないのです。**

それに気づき、欲張らない、怒(おこ)らないように努力するのはむずかしいことです。心は、「貪瞋痴(とんじんち)」の煩悩に流されやすいのです(58ページ参照)。

しかし、物質的な欲望に流されている《精進》を、心を清らかにする方向へ入れ替えることは可能です。それが育てるべき《精進》です。

雑心所
12

喜

ピーティ　pīti

[喜びの働き]

生きる原動力

外界から得られる喜びには限界がある

《喜》（pīti）は、喜びを感じる働きです。

私たちは、何かを見た瞬間、聞いた瞬間に、「楽しい」あるいは「楽しくない」と感じます。それは、理屈ではなく、自然に生まれるものです。

本来、生きることは大変です。しかし、生きていると、いろいろな喜びがあります。これがクセになって、私たちは努力するのです。

何に喜びを感じるかは人それぞれで、はっきりしません。**私たちは、なんと**

かして自分を喜ばせようと、喜びを追い求めています。多くは、美しいものを見たり、音楽を聴いたり、本を読んだり、おいしいものを味わったり、旅行に行ったりなどして、身体の５つの感覚器官から喜びを得ています。

そこには限界があります。自分で身体の感覚器官を刺激しつづけなければならないからです。たとえば食べたことがないごちそうを食べたとき、最初はものすごくおいしく感じられますが、何度も食べていると飽きてきて、それでも食べなければいけないとなると、もはや苦しみとなってしまいます。それでも人間は喜びを感じたいのです。次々と喜びを探しますが、外界から得られる喜びにはすべて限界があるのです。

本当の喜びを与えるのは、その人の心

《喜》は、自分の心のなかの問題であって、外界の問題ではありません。時間やお金をかけて喜びを探しまわらなくても、自分がふだん生活している環境のなかでも、喜びを感じることはできます。《喜》を育てることで、今まで面白くないと思っていたものについて、面白くなるようにすることもできます。

喜びが生まれるときは、心が落ち着いています。刺激を求めるよりも、心がおだやかになるようにすればいいのです。

正しく使えば、《喜》は人格向上につながります。

喜びがあれば、脳が元気に活動することは皆、知っていると思います。やっていることになんの喜びもない場合、脳は機能低下します。仏教は、脳の話ではなく、心の話です。心に喜びがあれば、心は活発に働きます。悪いことに喜びを感じた人は、進んで悪いことをします。自己破壊で終わります。ですから、善行為に喜びを感じるべきです。そうなれば、進んで善行為をするから、人格が向上します。

瞑想を実践する人々は、進んで喜びを求めなくても、自然に心に喜びが生じるのです。それで、瞑想を飽きることなく続けられます。

雑心所

13

意欲（いよく）

チャンダ　chanda

[行動を起こす働き]

やる気のエネルギー

よし、やるゾ！

行動するために大切なエネルギー

《意欲（いよく）》は、「よし、やろう」という“やる気”です。

何か行動する場合、「それをしたい」という《意欲》が必要です。この心所が弱くなると、行動できなくなります。ただ、善いことばかりに働くわけではなく、悪いことに対しても働きます。

仏教の修行の目的は、悪いことをするための《意欲》はなくし、「人格を向

上させたい」という《意欲》を持って、育てつづけることです。

「やりたい」という気持ちはあるのに、なかなか実行に移せないことがあります。その場合、「よし、やろう」という《意欲》が足りないのです。

《意欲》は、行動を起こさせる《志（し）》や、「こうしよう」と決めて努力をする《精進（しょうじん）》にも似ています。

《志》は、どんなときにも働いている「共一切心心所（きょういっさいしんしんじょ）」です。「絶対にこうしたい」と《志》に執着すると“業（ごう）”（32ページ参照）になってしまうため、注意が必要です。

《志》と《意欲》は明確に区別することができます。《志》は、常に働いているのです。強く働くときは誰でも気づくことができます。俗に言う「やる気」だと理解しておきましょう。**《意欲》は、俗に言うと「好み」なのです。**好みなので、性格の傾向だと理解することができます。私たちの心は、好みの方向に傾いて働くのです。そのとき、《志》は好みに従って起こるのです。性格によって悪行為を好む人も、善行為を好む人もいます。しかし、人は理解能力を使って自分の好み（意欲）を変えることもできるのです。

また、**「こうしよう」と決めて努力する《精進》と、「よし、やろう」という《意欲》は、行動するためのエネルギー**であり、どちらも大切です。

《意欲》を育てれば、やりたいことがどんどんできる

すぐに実行できる人は、「よし、やろう」という《意欲》のエネルギーが強い人です。「あれもやらなきゃ、これもやらなきゃ」とあせって考えているときは、《意欲》が弱いのです。あるいは、いくつもの《意欲》が競合している場合もあります。それがストレスの原因になります。

やりたいことが曖昧で、優柔不断に悩んでいると、心のエネルギーは低下します。**やろうとすることが善いことであるならば、すぐ実行に移せば人生はストレスなく進めます。**

第3章

心を悪に染める 14の心所

愚かさの心所（共不善心所）

14：痴（モーハ）
15：無慚（アヒリカ）
16：無愧（アノッタッパ）
17：掉挙（ウッダッチャ）

欲の心所

18：貪（ローバ）
19：邪見（見）（ディッティ）
20：慢（マーナ）

怒りの心所

21：瞋（ドーサ）
22：嫉（イッサー）
23：慳（マッチャリヤ）
24：後悔（悪作）（クックッチャ）

悪を助ける心所

25：惛沈（ティーナ）
26：睡眠（ミッダ）
27：疑（ヴィチキッチャー）

不善（悪）の正体は「愚かさ」

「不善心所」とは、善ではない心所、つまり、悪の心所のことです。

しかし、「何が悪か」「何が善か」の判断はむずかしいことです。

あるときに「悪」と思ったものが、別のときには「善」になる。

あるところで「悪」だったものが、別のところでは「善」になる。

この混乱から脱出して落ち着くために仏教を学ぶのです。

テーラワーダ仏教では、52の心所のうちに14の不善心所があり、これらが心を悪に染めてしまうとしています。

14の不善心所は、「愚かさ」の心所、「欲」の心所、「怒り」の心所、そうした悪を助ける心所の４グループに大別されます。

「貪瞋痴＝貪り（欲）・怒り・愚かさ」といえば、仏教で「三毒」とされる根本的な煩悩です。なかでも「愚かさ」は、「ありのままの事実を観ていない」という真理を知らないことです。ということは皆、根本的に「愚かさ」という心所があるのです。「自分が知っていることはそのまま正しい」と皆、思っているのです。その思いは、「愚かさ」の心所の結果です。

「愚かさ」の心所は４つあり、悪い心に必ず溶けていることから「共不善心所」と呼ばれます。これが、すべての悪の始まりです。

そして「欲」の心所が３つ、「怒り」の心所が４つ、そうした悪を助ける心所が３つあります。

これら14の不善心所は、命あるものにとって自然に生じる本能のようなものです。不善心所がすべての悪を生みだし、私たちを不幸にしているのです。悪に染まった心で生きると、苦しみが限りなく増していきます。

不善心所とは

アクサラ・チェータシカ

akusala - cetasika

「不善」の正体＝悪・不幸

ありのままの事実を知らないために、
苦しみが限りなく増していく

不善心所

愚かさの心所（共不善心所）

アクサラ・サーダーラナ・チェータシカ
akusala-sādhārana-cetasika

なんとしても追いだしたい4つの心所
「愚かさ」のグループ

14 痴
モーハ
moha
無知の状態

15 無慚
アヒリカ
ahirika
厚顔無恥の状態

16 無愧
アノッタッパ
anottappa
無謀な状態

17 掉挙
ウッダッチャ
uddhacca
浮ついた状態

悪の心に必ずあるのが、この４つの心所です。
なかでも、すべての悪いおこないの元は《痴》、すなわち「愚かさ」です。
善行為をしたい、清らかな心で生きたいなら、
この４つの心所が現れないようにすることです。

愚かさの心所
14

痴

モーハ　moha

[無知の状態]

真理を知らないこと

「無我を知らない」
確固たる「自分」
というものはない

「苦を知らない」
執着できるものは
何もない

「無常を知らない」
すべては
移り変わる

心の基本は「無知」

《痴》とは、「無知」のことです。仏教用語で「無明」といいます。

仏教でいう「無知」とは、物事の本来の姿、ありのままの事実を知らないことです。**私たちは、自分が知る世界しか存在せず、それこそが正しいと思いこんで生きています。これが、すべての「苦」をもたらす原因です。**

たとえばフクロウは、正面を向いていても、後ろにいるネズミを認識しています。どこにいるのか、食べられるくらいの大きさか、つかまえられそうか、音によって三次元のレベルでわかるのです。

各生命の認識は、それぞれが持つ身体の感覚器官によって制限され、ちがいます。そして、その認識をどう解釈し、どう行動するか、それぞれ決まっている。**どんな生命も自分が知る世界がすべてだと思っているのです。**

この事実は、科学をもっても変えられません。たとえば、赤外線や紫外線は存在しているのに、私たち人間の眼には見えません。赤外線カメラなどで写真を撮れば、ふだん見えないものが見えるようになるだろうと思っているのです。しかし、赤外線カメラが撮った写真は、赤外線を人間の可視範囲に変換した画像にすぎません。認識を引き起こすためには、私たちの眼耳鼻舌身に色声香味触が触れなくてはいけない。各生命に認識できる帯域は生得的に決まっているから、コウモリが出す超音波を聞きたければ、その音波の波長を可聴範囲に置き換えなくてはいけないのです。

他の生命は、自分の身体に触れる情報がすべてだと思って、なんでも知っている気分で生きています。しかし、人間は人間の認識範囲を超えた光・音などの存在があることを知って、それも認識しようとして苦労しているのです。それでも結局、人間にも「自分の眼耳鼻舌身に触れる情報がすべてだ」という考えが抜き難くあって、「私がすべてを知っているのだ」という《痴》に、いとも簡単に陥るのです。

すべては「無常」「苦」「無我」である

無知のままに物事を見るとどうなるでしょうか？　一切の現象は、瞬間瞬間、生滅変化し、流れつづけています。変化こそが真理なのに、「確固たる変わらない何かがあるはずだ」と思うのは「無知」そのものです。変化しつづける現象に、錯覚に基づく希望・期待をいだいても、それは必ず失望・失敗に終わります。人生は苦しみに沈むのです。

ありのままの事実を知らない《痴》とは、「無常」「苦」「無我」である現実を「常」「楽」「我」であるとアベコベに錯覚している状態のことなのです。

愚かさの心所
15

無慚（むざん）

アヒリカ　ahirika

[厚顔無恥の状態]

恥知らずなこと

不幸になる行為を堂々とおこなうこと

《無慚》とは、一般的には「残酷なこと」「気の毒なさま」を意味しますが、仏教では「**道徳をやぶりながら、心に恥じないこと**」をいいます。

ふつうだったら、悪いことは恥ずかしくてできないものです。「悪いことをしているのを誰かに見られたら、かっこ悪い」「みっともない」「情けない」「大人気ない」などの気持ちがあれば、悪いことをしないようにするものです。

しかし、常識的にやってはいけないことを、なんの躊躇もなく、やってしまう人は、前項の**《痴》の心所のせいで、悪いことをしていると気づいてないのです。**

アンデルセンの「裸の王様」の童話を思いだしてください。素っ裸なのに、世界一美しい服を着ていると思っている王様は、その姿を皆に見せようとして街をパレードしました。このように、間違った認識を持っていると、恥ずかしいことも平気でできてしまいます。

感情に言われるまま、やりたいからやり、「別に恥ずかしくないよ」と思ったら、たいへん危険なことです。

日本語には「恥じらい」という言葉があります。恥じらいがあれば、行儀が悪いこと、社会に非難されること、罪を犯すことを簡単にはできません。

人間として恥ずかしい行為をしない

《無慚》は、性格の一種と理解すれば、わかりやすいかもしれません。性格というのは、その人の考え方、生き方です。

恥じる気持ちや遠慮がなく、他人に迷惑をかけても平気でいる、ずうずうしい人を「厚顔無恥」といいます。

厚顔無恥な性格、《無慚》の心所は、「人間として恥ずかしい行為をしない」というプライドを育てることでなくせます。

愚かさの心所
16

無愧（むき）

アノッタッパ　anottappa

[無謀な状態]

向こう見ずなこと

不幸になる行為を後先考えずにおこなうこと

《無愧》とは、「悪いことをするのが怖くないこと」をいいます。

やってはいけないことを、後先考えずになんの躊躇もなく、やってしまう無謀な人にあるのが、《無愧》の心所です。

前項の《無慚》と同じく、**《痴》の心所によって真理を見誤った状態だから、何も怖くないのです。**

ふつうは、悪いことをすれば、その結果どうなるか怖いものです。《無慚》《無愧》の人は、善悪がわからず、「恥ずかしいから、ちゃんとしよう」「怖いから、ちゃんとしよう」という気持ちもないから、悪いことがいくらでもできてしまいます。

たとえば、悪い仲間に入ると度胸試しに悪いことをするよう命じられます。すると、自分には何も怖いものはないことを見せようと、命じられたとおり、悪いことをしてしまいます。そして、自分でも強くなったように勘違いして、だんだん悪に染まっていくのです。

《無慚》と《無愧》はセット

「悪いことをしても怖くない」という気持ちは、勇気ではありません。

臆病なのです。

動物を観察してみてください。百獣の王ライオンは、無意味に攻撃しません。狩りをする以外は、ほとんど寝ています。しかし、よく吠える犬は、相手が自分より強そうで怖くて吠えているのです。人間の世界でも、**臆病な性格の人は、自分の弱さをごまかすために無鉄砲で向こう見ずな行動をするのです。**

テーラワーダ仏教では《無慚》と《無愧》をセットにしています。「恥ずかしくない」というのは自分に対して、「怖くない」というのは外に対して、タガが外れているのです。つまり、両方とも自己コントロールを失った状態です。

愚かさの心所
17

掉挙（じょうこ）

ウッダッチャ　uddhacca

[浮ついた状態]

落ち着きがないこと

自分が何をやっているか
わからない

悪の心にはその瞬間、《掉挙》がある

《掉挙》とは、「浮ついた状態」「集中力に欠けた状態」「混乱した状態」をいいます。

発表会で自分の名前が呼ばれたとたん、あがってしまって、もうどうしようもなくなる。その状態が《掉挙》です。

あがってしまった状態では、いいパフォーマンスはできません。あせって、テーブルの水はこぼす、マイクは落とす、発表は失敗に終わります。

人間は、できるだけ冷静でいなくてはなりません。落ち着きがなければ、正しい判断ができないからです。

逆に言えば、**悪いことをするときは誰でも、《掉挙》の状態です。**

たとえば、誰かを刺し殺したいと思った人は興奮して冷静さを失っています。

これも《痴》の心所のせいです。無知のために、1つの物事に感情的にこだわるのです。しかし、物事は自分の感情に合わせて働くものではないのです。それで、落ち着きがなくなるのです。感情だけで落ち着きがなく、自分が何をやっているのかもわからず、我を忘れています。だから、《無慚》と《無愧》の項で述べた自己コントロールも利きません。

《痴》がある人には、必ず《無慚》《無愧》《掉挙》の心所もあります。

この4つの不善心所は、切り離せない仲間です。

《痴》は《掉挙》を引き起こし、《掉挙》がさらに《痴》を引き起こします。

サマーディ瞑想で《掉挙》をなくす

《掉挙》を放っておくと、心の機能も脳の働きも壊れてしまいます。感情的になって、悪いことはできますが、善いことはできなくなります。《掉挙》をなくして、心も脳も健康に働かせる方法が「サマーディ瞑想」です。サマーディ瞑想によって、1つの対象に集中しつづける方法を訓練するのです。

不善心所

欲（よく）の心所

アクサラ・チェータシカ
akusala-cetasika

束縛を生む３つの心所
「欲」のグループ

18 貪（とん）

ローバ
lobha
束縛された状態

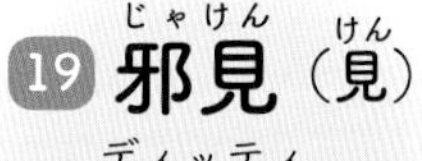

19 邪見（じゃけん）（見（けん））

ディッティ
diṭṭhi
固執している状態

20 慢（まん）

マーナ
māna
自我意識が過剰な状態

「欲」のグループの中心にあるのが《貪》です。
そして《貪》があるから《邪見》が生じ、自分の見解にしがみつくようになります。
また、《貪》があるから《慢》が生じ、他人とくらべずにはいられないのです。

欲の心所
18

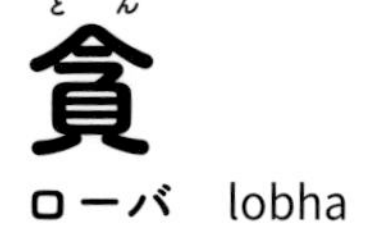

［束縛された状態］

好きなことにとらわれること

対象を好ましく思うことから《貪》が生じる

一般的に「欲」といえば、「もっと欲しい」と欲張ることを意味します。

仏教心理学では、**対象を「これは好ましいものだ」と認識し、「もっと欲しい」と受け入れた時点で《貪（とん）》という欲の心所が生じる**と教えています。

私たちは、眼耳鼻舌身（げんにびぜっしん）から受けた情報を意（心）に送って好悪を判断します。それは認識過程で自動的に起こる働きであり、不善心所ではありません。たとえば、音楽を聴いて楽しくなったとしましょう。音楽が聞こえている瞬間は喜びを感じますが、音が止まったら喜びも消えてしまいます。そこで「まあ、いいや」と離れられれば、問題ありません。でも、「いい音楽だったのに。もっと聴きたい」と、追い求める気持ちが起きたら要注意です。《貪》の心所が働きはじめています。いったん《貪》が生じると、欲はどんどんエスカレートしていくのです。

「欲」が少ない人生は、悩み苦しみが少ない

私たちは、ほとんどが《貪》という欲の衝動で行動しています。

わざわざ食べたくないものを食べ、見たくないものを見て、聞きたくないものを聴いている人は誰もいません。皆、好きなことをして生きています。動物も同じです。**《欲》があるというのは、命あるものにとってふつうの状態です。**

欲しいものを追い求めることが生きることです。要するに、**《貪》は生命の本能である**と言ってもかまわないようです。わけがあるから、曖昧な言葉を使ったのです。仏教は《貪》をなくして幸福になる方法も教えているからです。

人は他者のためにも努力するのではないでしょうか？　人類社会では、福祉・奉仕活動も盛んです。それは《貪》の衝動とはいえないでしょう？

そのとおりです。一時的に、《貪》を抑えて《不貪(ふとん)》の衝動で行為をしているのです。そして、そのような方々の活動を社会が称賛すると、本人は喜ぶのです。自分の福祉・奉仕活動を批判されると、イヤな気持ちになるのです。これは、「《貪》が心のなかに混ざっていた」という意味です。

《貪》で欲しいものを追い求めて、それに成功したら、たしかにいい気分になります。楽しくなります。そうすると、「欲しいものがあればあるほど、楽しくなるチャンスが増える」という哲学が現れます。しかし、それが罠なのです。欲しいものを手に入れるために、苦労しても、必ず成功する保証はないのです。私たちが成功するのは、たまたまです。たいていは失敗して、苦しみを受けるのです。というわけで、欲しいものがたくさんあると、それも苦しみの原因になります。欲しいものを追い求めると、さらに悩み苦しみに陥ります。希望どおりにいかないと、いっそう悩み苦しみに陥るのです。

ということは、**《貪》が少ない人にとっては、悩み苦しみも少ない**という結論になります。

欲の心所
19

邪見（見）

ディッティ　diṭṭhi

[固執している状態]

自分の見解が正しいと思うこと

私の見解が正しい

あなたの見解は
間違いだ

人はそれぞれ、見解を持っている

物事を見たり、聞いたり、考えたりすると、何かしらの見解（自分の意見）が生まれます。それは自然なことであり、人はそれぞれ私見を持っています。

眼耳鼻舌身で、色声香味触という情報を受け取ると、自然に「自分の意見」が現れます。それを《見》というのです。

生命には《見》をつくらずに生きることは不可能なようです。次から次へと《見》が生まれては消えるのは仕方がないことです。しかし、生命は自分の《見》が正しいと思うのです。「これはバラの花だ」と《見》をつくった人にとって、バラ以外の《見》は間違っているのです。ですから、簡単に「私見を正見と思いこむ」という罠にはまります。

私見を正見だと勘違いしたまま他人に教えると、他人も《邪見》に陥るし、批判を受けると自分が悩みに陥るのです。無数の私見のなかで、あえて《邪見》とすべき《見》もあります。それらの《見》は、間違っているだけではなく、それを人生の哲学にしてしまうと、不幸に陥るのです。

仏教では、最大の罪は《邪見》だと説きます。**《邪見》とは主観への固執であり、客観的な観察による真理の発見を妨げる**からです。

《邪見》に陥ると、その見解に基づく行為も間違いだらけになります。見解に執着すればするほど、頭が固くなって、柔軟さと寛容さを失うのです。**データに基づいた見解であれば、データが更新されるたびに見解を見直し、改良していくことができます。**しかし、感情で自分の見解にしがみつくと頑固になり、聞く耳を持てなくなります。心がロックされてしまうのです。

《邪見》によって不幸になるのは本人だけではありません。

ブッダの時代、自分の見解を捨てられずに、真理を聞くことも、理解することも拒否して、“悟りの智慧”を得られなかった思想家がたくさんいました。彼らは《邪見》を他人にも教えていたので、その教えを受けた人々にも幸福への道を閉ざしてしまったのです。

《邪見》にとらわれて自分の視野を狭くしないようにしましょう。

「物欲」よりも「見解欲」のほうが強い

私たちは、自分の見解を常に正しいと思っています。自分の見解に愛着を持っているのです。だから、**自分の見解を批判されると、自分自身を批判されたように感じます。**

人間は、財産など物質的な欲よりも、「自分の見解は正しい」という精神的な欲に固執するのです。

欲の心所
20

慢

マーナ　māna

[自我意識が過剰な状態]

自分と他人をくらべること

《慢》には3種類ある

「自分は、あの人より上だ」と思うこと＝高慢（こうまん）
「自分は、あの人と同等だ」と思うこと＝同等慢（どうとうまん）
「自分は、あの人より下だ」と思うこと＝卑下慢（ひげまん）

「私は優秀だ」と思うことだけではなく、「なんだ、あの人も私と同じじゃないか」と思うことも、「私はダメだ」と思うことも《慢（まん）》です。

どれも「私」という自我意識から生まれています。

私たちは何かを認識するとき、「私は見た」「私は聞いた」というように、どこからか「私は」という主語が入ってきます。見たり聞いたりする主体として「私」というものがあるように錯覚してしまうのです。

「私」という自我意識が生まれること自体が《慢》の始まりです。

自我意識が《慢》を生む

私たちは、「自分がいる。自分以外の世界がある」という幻想を持っています。ブッダは「誰にとっても、この世で最愛のものは自分自身である」と言っています。**自分ファーストで、自分の存在を守りたい気持ちは《貪（とん）》なのです。**

すべての命あるものは、自分の存在を守るために２つのことをおこないます。まずは「味方を増やすこと」、次に「敵を攻撃すること」です。

それから、味方を「高慢」「同等慢」「卑下慢」という３つに分けて、味方と付き合うことになります。敵に対しても「高慢」「同等慢」「卑下慢」という３つに分けて、攻撃の仕方を決めます。

犯人は“自分がいる”という自我意識です。**自我意識があるかぎり、その人に安らぎはない。心のなかは戦闘状態なのです。**「“自分がいる”という実感は、錯覚である」と発見した人に、自分は存在しないし、他人も存在しないのです。心のなかに絶えず起きていた戦闘状態が永久的に平和になるのです。

不善心所

怒り(いか)の心所

アクサラ・チェータシカ
akusala-cetasika

妄想に悩まされる４つの心所
「怒り」のグループ

21 瞋(しん)
ドーサ
dosa
拒絶する働き

22 嫉(しっ)
イッサー
issā
うらやむ気持ち

23 慳(けん)
マッチャリヤ
macchariya
もの惜しみする気持ち

24 後悔(こうかい)（悪作(おさ)）
クックッチャ
kukkucca
過去の自分への怒り

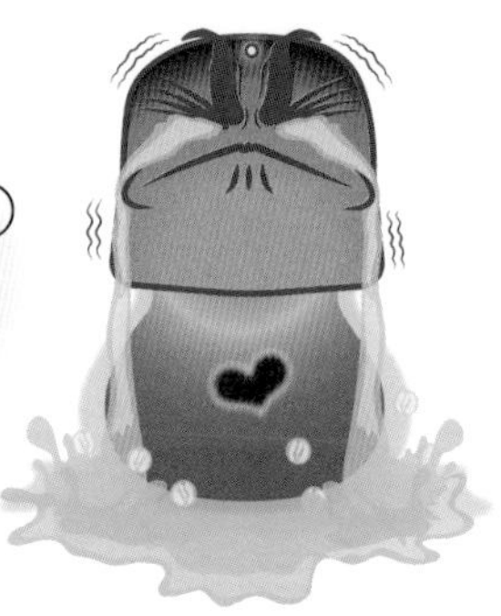

「怒り」のグループの中心にあるのが《瞋》です。
《瞋》があるから《嫉》《慳》《後悔》が生じます。
これらは、人生を不幸にするネガティブなエネルギーです。

怒りの心所
21

瞋

ドーサ　dosa

[拒絶する働き]

自分も他人も破壊する猛毒

怒りが怒りを呼び寄せる

《瞋》とは、「怒り」のことです。

受け入れたくない情報が心に入ると、拒絶反応が起きます。しかし、そうした情報から身を守ることはできません。なぜならば、私たちの眼耳鼻舌身意には色声香味触法が常に触れているからです。その情報のなかに、受け入れたくはない、自分好みではない情報もあるのです。それに対して**心が自然に拒絶**

反応を起こすのです。それを《瞋》というのです。

《瞋》は、新たな《瞋》をつくりだす機能を持っています。「火」と同じです。燃えるものさえあれば、小さな火種を山火事になるまで増幅することができます。《瞋》のこの特徴がとても危険です。

火種程度の《瞋》が増幅しないならば、間もないうちに消えるのです。

他人に対して現れた弱い《瞋》の火種を増幅させると、殺人を犯すところまで発展する可能性があります。

他人の言ったことが気に入らなかった。そこで、わずかな《瞋》が生じたのです。それから、「なぜ、そんなことを言うんだ」「別な言い方があるだろう」「そんなことを言う必要のないことだ」「アイツは性格が悪いんだ」などなど妄想すると、《瞋》の火種が大きくなるのです。もし自分の妄想に誰かが賛成してくれるならば、なおさら自分の《瞋》が拡大するのです。それで、その人は他人に害を与える行為に移るのです。

《瞋》の危険性は、他人に害を与えることだけではありません。**《瞋》は「火」のようなものなので、現れた時点から自分自身を破壊しはじめるのです。**たとえ弱い怒りであっても、猛毒だと思うべきです。

怒りが起こりやすい環境で生きている

身のまわりに起こる出来事の大半は、自分にとって気に入らないものです。希望どおりにいく場合よりも、いかない場合が多いことは、よくご存じですね。

私たちは、怒りやすい環境で生きているといえます。いつも心に怒りの感情があるから、他人のことを簡単に敵視します。すると、他人に対して恐怖を感じたり、不安になったりして、人付き合いができなくなってしまいます。

怒りがあると、自分が生きづらくなってしまうのです。

物事をなんでも「気に入らない」「イヤだ」という見方で認識するクセがつくと、怒りの罠から抜けだせなくなってしまいます。

怒りの心所
22

嫉(しつ)

イッサー　issā

[うらやむ気持ち]

自分にないものを持つ人への怒り

《嫉》は、他人の幸福を認めない気持ち

《嫉(しつ)》は、嫉妬(しっと)です。私たちは、自分にはない才能や能力、美しさなどを持つ人をうらやみ、ねたむ気持ちを持つことがあります。

嫉妬は、他人の幸福に対して生まれる怒りです。わかりやすく言えば、「他人がうまくいくとショックを受ける」ということです。

《嫉》とはつまり、「他人の幸せや楽しみ、成功などを認めたくない、受け入れたくない」という気持ちです。

たとえば、会社の仲間が突然、大昇進し、自分をみじめな人間のように感じてしまったり、あるいは自分の同級生や友人が外国に派遣され、「同じ学校を出て同じ教育を受けているのに」と思ってしまったりする場合です。

「あの人はいいなあ、うまくいって」「自分には何もいいことがない」といろいろな面で嫉妬する。そして、それが身についてしまったら、**他人がうまくいけばいくほど、自分の心は暗くなって、何もうまくいかなくなってしまいます。**

ですから、この《嫉》という心所は、ものすごく危ないものです。「アイツが成功してなんだか面白くない」というかすかな感情であっても、「これは嫉妬だ」と気づいておくことが大切です。

《嫉》は喜びで消える

パーリ語で《嫉》（issā(イッサー)）の反対語は、《喜(き)》（muditā(ムディター) 124ページ参照）です。

ライバルであろうが、誰であろうが、他人の成功や幸福を見たら、「よかったじゃないか」と自分も喜べばいいのです。

「私が成功できなかったからって、別にどうということはない。その人が幸福になったんだからいいじゃないか」

そのように、**相手の成功や幸福を心から喜ぶと《嫉》の心所は消えてしまうのです。**それで自分の人生も幸福になります。

怒りの心所
23

慳（けん）

マッチャリヤ　macchariya

[もの惜しみする気持ち]

喜びを共有するのはイヤだという怒り

私のものだから
誰にもあげないよ

《慳》は、自分の幸福の出し惜しみ

《慳(けん)》とは、もの惜しみすることです。前項の《嫉(しつ)》は自分にないものを持つ人への怒りですが、《慳》は「自分が持つものを他人に分け与えるのはイヤだ」という怒りです。簡単に言えば、「ケチ」ということです。

ケチは、「もっと欲しい」という欲張りとはちがいます。よく、子どもが「ぼくの本だから読むな」「私のベッドにさわらないで」ときょうだいゲンカをするようなものです。本をたくさん持っているなら、皆に貸してあげれば喜ばれます。きれいなベッドクロスが自慢なら、皆に見せてあげればいいのです。

自分の幸福は、皆に分け与えても減りません。

自分の幸福を他人に分け与えると、幸福がさらに拡大して安定するのに、それをわからない人々が多いのです。それで、もの惜しみの性格が現れます。

自分の本を他人に貸してあげないことにします。当然、仲間はずれになります。大富豪が自分の富を独り占めにしようとすると、一人ぼっちになるだけではなく、まわりの人々を敵にまわす結果にもなります。自分の富を守ることに必死になって、富を喜ぶこともできなくなります。もの惜しみの人は、大富豪であっても、貧困な生活をするはめになります。

《慳》も喜びで消える

社会に貢献し、認められることも、人間の幸福のひとつです。

自分の知識や能力、財力などを、他人と分かちあうことを拒絶する、もの惜しみの気持ちが強いと、幸福は消えてしまいます。嫉妬心(しっとしん)が強いのも同様です。

お金持ちではなくても、美人ではなくても、成功してなくても、他人の幸せを喜んだほうが得です。応援する気持ちになったほうが得です。自分の心から《嫉》や《慳》の心所がなくなり、明るくなります。すると皆に親しまれ、小さな努力で成功できる人間になれるのです。

怒りの心所
24

後悔（悪作）

クックッチャ　kukkucca

[過去の自分への怒り]

うじうじ思い悩む暗い気持ち

ちゃんとやっておけば
よかった

あんなこと
やらなければよかった

《後悔》も怒りのひとつ

自分がやったことについて「やらなければよかった」と後悔する。あるいは、やらなかったことについて「やっておけばよかった」と後悔する。

どちらも現在の自分の状態が気に入らず、過去の自分のおこないに「怒り」を感じているのです。

失敗したときには、誰でも自己嫌悪に陥ります。その失敗をまた思いだしてイヤな気分になるのが《後悔(こうかい)》です。後悔するたびに新たな怒りの気持ちが生まれるのですから、心が暗くなります。

《後悔》とは、自分を責めつづけることです。

後悔しているときには、うじうじ悩み、落ちこみ、行動できなくなります。やる気がなくなってしまうのです。ですから仏教では、過(あやま)ちを犯すことよりも、それを後悔することのほうが罪が重いとされます。

失敗したら反省し、後悔しない

「失敗して、あなたは恥ずかしくないのですか」と誰かに言われても「恥ずかしいですが、やってしまったことですから仕方がありません」と、**潔(いさぎよ)く自分の失敗を認めることです。それが反省です。**

「反省」と「後悔」のちがいは、反省はポジティブ思考、後悔はネガティブ思考であることです。**反省する人は、失敗をバネに成長できます。**後悔したくないからといって「自分のせいではない」と失敗を認めないのは《邪見(じゃけん)》(72ページ参照)です。後悔する人も、邪見の人も不幸になります。

自分のミスを認められる明るい心は、ポジティブなエネルギーになります。誰しも「失敗したい」とは思っていません。いつも「きちんとやろう」という気持ちを持っているはずです。過去の失敗にとらわれず、「次はうまくやるぞ！」という明るい心で再出発しましょう。

不善心所

悪を助ける心所

アクサラ・チェータシカ
akusala-cetasika

25 惛沈（こんじん）
ティーナ
thīna
心がだるい状態

26 睡眠（すいみん）
ミッダ
middha
心が鈍くなっている状態

27 疑（ぎ）
ヴィチキッチャー
vicikicchā
不信感に凝り固まった状態

これらは、「愚（おろ）かさ」「欲（よく）」「怒（いか）り」を助長する心所です。
《惛沈》と《睡眠》は、「愚かさ」「欲」「怒り」から現れる“なまけ心”。
《疑》は、「愚かさ」から自分の心にカギをかけてしまうことです。

悪を助ける心所
25

惛沈（こんじん）

ティーナ　thīna

[心がだるい状態]

心が縮んで、やる気がなくなる

心がだるいと、身体も動かなくなる

《惛沈（こんじん）》とは、やる気がしぼんで心のエネルギーがなくなっている状態です。

やるべきことがあっても「やりたくないなあ」「明日にしようかな」と後まわしにしたくなる気持ちを《惛沈》といいます。

《惛沈》は、心の働きです。身体が疲れることは《惛沈》とはいいません。

仕事に夢中になっているときには、身体は疲れても心は疲れません。

「こんな仕事はつまらない」「やってもいくらにもならない」「なんのためにやる必要があるんだ」という感情が生じたとたん、心がだるくなって、やる気を失います。

やる気を失うことは、皆にある経験です。放っておくと拡大するのは、不善心所の性格です。鬱（うつ）という病があることは皆、知っています。鬱の病に罹（かか）らなくても、人は鬱のキャリアです。やる気を失うたびに、なんとかしてそれを克服するべきです。小さな悪感情なので、乗り越えることができます。それで、その人に明るく生きる能力が身につくのです。

悪を助ける心所
26

睡眠（すいみん）

ミッダ　middha

[心が鈍くなっている状態]

眠くて、何も考えたくない

心の《睡眠》は野放しにしてはいけない

眠くなると、心の働きが鈍（にぶ）くなって、何もかもが面倒になります。「何も考えたくない」「活動したくない」というのが《睡眠（すいみん）》の心所です。

前項の《惛沈（こんじん）》と《睡眠》は、たいがいセットで現れるため、「惛沈睡眠」といわれます。どちらも、やる気をなくした「なまけ心」です。

夜、しっかり寝て身体を休める睡眠と、昼間、心にしのびこむ眠気は別ものです。**心が寝たがるのは、感覚器官から入ってくる情報に振りまわされなくてすむからです。**「惛沈睡眠」は、弱い状態で気づけば、お茶を飲んだり、外を歩いたり、冷たい水で顔を洗ったりして、簡単に断ち切れます。

簡単に言えば、《睡眠》とは「眠気」です。眠気に襲われたら、それに負けず、「眠気が常識ですか、非常識ですか」と問うてみるのです。たとえば、夜、眠気が起こることは自然です。仕事中、眠気が起きたら、不自然で非常識です。あれは心の眠気なので、ただちになくすように工夫しなくてはいけないのです。

悪を助ける心所

27

疑

ヴィチキッチャー　vicikicchā

［ 不信感に凝り固まった状態 ］

いつも中途半端で、いい加減

知りたくない

どうでもいい

《疑》は、心の進歩を止めてしまう

《疑》とは、真理を知ろうとせずに、不信感に凝り固まった状態です。

物事を簡単に信じこまず、誰かに言われたからと鵜呑みにせず、疑問を持つことは、真理を理解するために必要な能力です。不善心所の《疑》ではありません。疑問を持てば、自分でとことん調べ、確かめるからです。

一方、《疑》の心所は《痴》から現れます。**真理を理解する能力がないから、「こんなことをしてなんの役に立つのか」「話も聞きたくない」と、自分の心にカギをかけてしまうのです。**そうなると、いつも優柔不断で、物事をはっきり認識することも、判断することも、いい加減になってしまいます。

《疑》は、人の性格として発見することができます。物事の真偽を自分で確かめる努力は一切なく、なんでも疑うのです。自分特有の考えも持っていないのです。世の中でいわれている事柄について、「信じられない」「よくわからない」という反応をするだけで、自分自身で努力して何かの結論に達することはしません。要するに、心は無知のままです。ですから《疑》をいだく心は、《痴》を守っているのです。人は真理に達するまで、理性的な疑いを持って、真偽を確かめる努力をしつづけなくてはいけないのです。

第4章

心を善に変える 25の心所

共通善心所（共浄心所）

28：信（サッダー）
29：念（サティ）
30：慚（ヒリ）
31：愧（オッタッパ）
32：不貪（アローバ）
33：不瞋（アドーサ）
34：中捨（タトラマッジャッタター）
35：身軽安（カーヤパッサッディ）
36：心軽安（チッタパッサッディ）
37：身軽快性（カーヤラフター）
38：心軽快性（チッタラフター）
39：身柔軟性（カーヤムドゥター）
40：心柔軟性（チッタムドゥター）
41：身適合性（カーヤカンマンニャター）
42：心適合性（チッタカンマンニャター）
43：身練達性（カーヤパーグンニャター）
44：心練達性（チッタパーグンニャター）
45：身端直性（カーユジュカター）
46：心端直性（チットゥジュカター）

自粛心所（離心所）

47：正語（サンマー・ヴァーチャー）
48：正業（サンマー・カンマンタ）
49：正命（サンマー・アージーヴァ）

無量心所

50：悲（カルナー）
51：喜（ムディター）

智慧の心所

52：慧根（パンニンドゥリヤ）

心を善に変える「善心所」（浄心所）

さあ、いよいよここから「善心所」のお話です。

善心所は、パーリ語で「sobhana-cetasika」といいます。「sobhana」とは「善美」とか「清らか」という意味ですから、「浄心所」ともいわれます。

善の心所がたくさん溶けていれば、あなたの心は明るく大きく強くなります。

すでにお話ししたとおり、私たちは仏教の修行で善の心所を育てるために精進するのです。

生きることは「苦」です。それは、疑いのない真実です。

あなたは、過去も現在も幸せを探し求めていますし、それは未来も同じです。苦しみをなくそうと努力します。なぜならそれは、生きることが「苦」であるからです。

生きる苦しみをなくす心の働きが、善心所です。

善心所は25あります。

不善心所は14ですから、善心所のほうが11も多くあります。命あるものは、不善（悪）の心より、善の心が強いのだと理解してください。単に「生きる」だけではなく、善心所の働きによって「成長することができる」ということです。

善行為によって誰もが苦しみが減り、幸福になれるのです。

善心所とは

ソーバナ・チェータシカ

sobhana-cetasika

「善」の正体＝清らかさ・幸福

清らかな心で生きると、
生きる苦しみが減り、自分が成長できる

善心所

共通善心所（共浄心所）

ソーバナ・サーダーラナ・チェータシカ
sobhana-sādhārana-cetasika

28 信

サッダー
saddhā
自由で正しい判断に
基づく確信

29 念

サティ
sati
今・ここで起こる
現実の認識

30 慚

ヒリ
hiri
みっともないことを
恥じらう気持ち

31 愧

オッタッパ
ottappa
悪いことを
怖れる気持ち

32 不貪

アローバ
alobha
欲から離れる
働き

33 不瞋

アドーサ
adosa
やさしさと
慈しみの気持ち

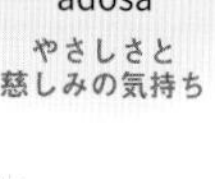

34 中捨

タトラマッジャッタター
tatramajjhattatā
客観的な態度をとる働き

35 身軽安

カーヤパッサッディ
kāyapassaddhi

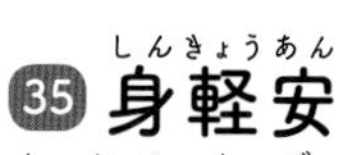

36 心軽安

チッタパッサッディ
cittapassaddhi

安らぎを感じる働き

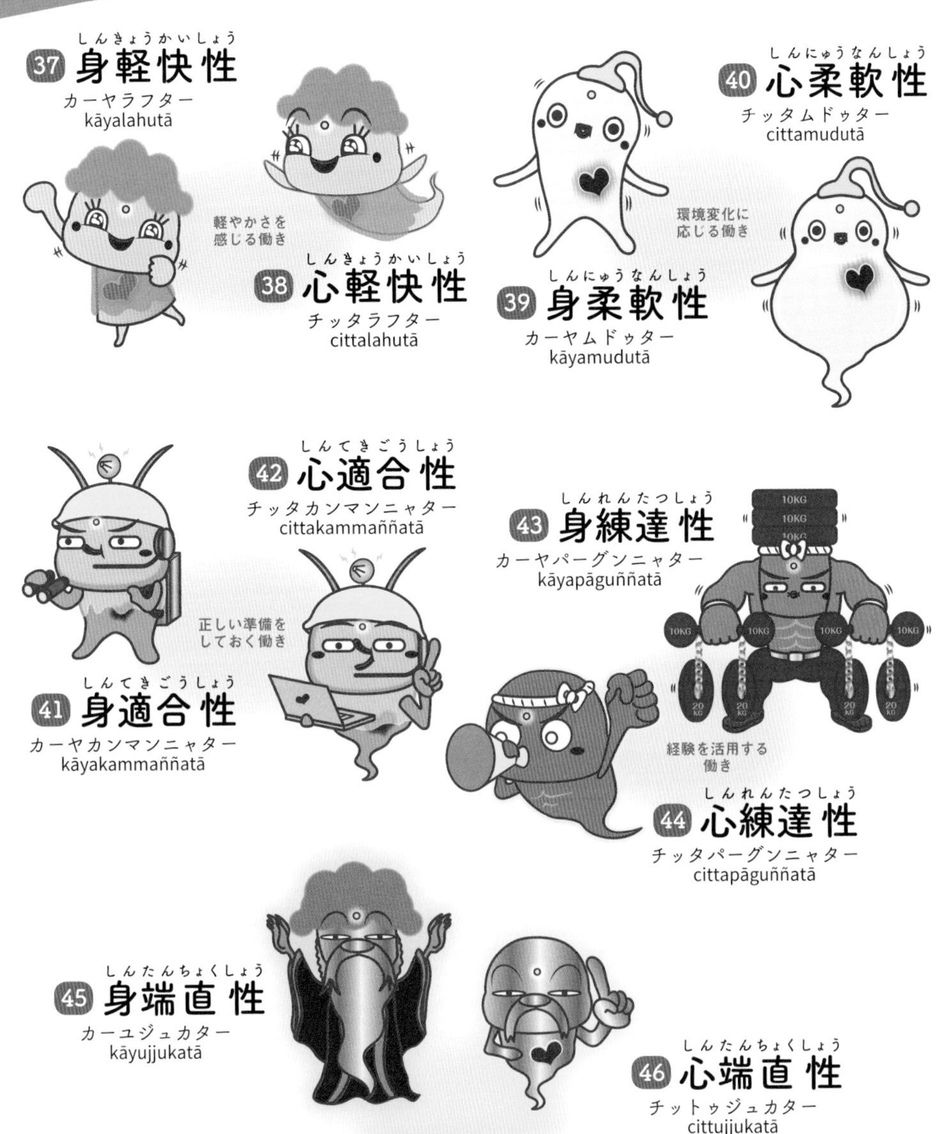

善の心には、この19の善心所が必ずあるのです。
この19の心所を理解することで、善い心とはどういうものかと具体的にわかります。
過去の善行為を思いだすだけでも、心に善心所が現れるので、
「意」の善行為をしたことになります。

共通善心所
28

信(しん)

サッダー　saddhā

[自由で正しい判断に基づく確信]

理性によって納得したときに現れる

×「妄信」
よくない結果をもたらす

○「確信」
明るく、活発になれる

《信》に基づく行動はすべて「徳」になる

《信(しん)》とは、「経験」という裏づけがあること。「確信」「自信」といったものです。妄信や迷信は《信》ではありません。「とにかく信じなさい」というのは、「やみくもな信＝不善の信」です。それは《痴(ち)》という不善心所の働きなので、悪行為になります。不善の信の特徴は、人を無条件に従わせようとすることです。

人間の心は、いろいろな悩みや感情で汚れ、善い行動を起こせない状態になっています。**《信》は、その濁りをしずめ、心を明るく清らかにします。**

誰かに言われたからと鵜呑(うの)みにしない。自分で考えて納得する。信じていても束縛されない。そんな人に《信》の心所が現れます。要するに、自分の行為に「確信」と「責任」を持つことです。

共通善心所

29

念（ねん）

サティ　sati

［ 今・ここで起こる現実の認識 ］

「気づき」があれば失敗を減らせる

《念》は、過去や未来に心を向けないこと

《念（ねん）》とは、「気づき」です。「今・ここ」に目覚めていること、現実を認識している状態のことです。「不放逸（ふほういつ）」というブッダの言葉と同じ意味です。

気づきは、とても小さなおこないの連続です。たとえば、「明日はどうしようかなあ」と考えながら湯呑みを手に取れば、「熱ッ！」と驚きます。そうならないように、「熱い湯呑みを手に取るぞ」と、その瞬間である「今・ここ」に気づきながら生きるのです。小さなおこないを失敗せずに生きれば、人生は全体的に成功したといえるでしょう。

「ながら」をしないことから、《念》の心所を育てていきましょう。

解脱（げだつ）を目指す瞑想実践も、《念》を育てることから始まります。

ヒリ　hiri

［ みっともないことを恥じらう気持ち ］

「恥ずかしいからしない」という意志

恥ずかしいから
やめよう

共通善心所
31

愧（き）

オッタッパ　ottappa

［ 悪いことを怖れる気持ち ］

「悪いおこないをしない」という意志

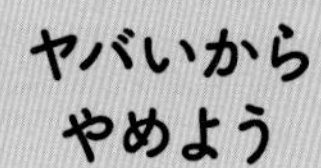

《慚》《愧》は車の両輪

悪いこと、いけないこと、みっともないことをするのを恥じらう気持ちを《慚》といいます。また、それらに対して、「ヤバい」という怖れを感じる気持ちを《愧》といいます。

仏教では、**《慚》と《愧》が車の両輪のように働いて、私たちの行動を管理している**と教えます。この２つがなければ、人間は悪いこと以外何もしなくなるからです。それでは世の中は成り立ちませんね。

《無慚》《無愧》は、悪い心に必ずある共不善心所です（63ページ、65ページ参照）。

私たちは何かの行為におよぶとき、いくつかのなかから常に１つを選び、他をカットします。２つも３つも同時にできないからです。

このときに《慚》と《愧》という善心所が機能すれば、「恥ずかしいからやめよう」「怖いからやめよう」と、悪いことや無意味なことを思いとどまり、善行為を選択します。

《慚》《愧》が機能すると、決断力がつく

たとえば受験生が、勉強をしなければならないのに、面白いテレビ番組を見たくなったとしましょう。

「自分は何を為すべきか」は、わかっているはずです。「大事なときにバカみたいにテレビを見るのは、自分に対して恥ずかしいではないか。受験に失敗するのは怖いことだ」と思い、勉強を選択すれば、《慚》と《愧》の善心所が機能しているということです。

「悪いことをするのは恥ずかしいし、怖いから、けっしてしないぞ。でも、善いことなら恥ずかしくないし、怖くないから、断固としてやるぞ！」――**《慚》と《愧》は、決断力のある強い性格につながる心所です。**

共通善心所
32

不貪

アローバ　alobha

[欲から離れる働き]

手放そうとする意志

《不貪》は、執着を減らすほど強化される

《不貪》とは、「貪り」という欲から離れることです。

《貪》とは、自分が認識した対象を必ず得たいという方向に働く不善心所です。モノ、知識、快楽……、私たちは、自分が好ましく思うものはすべて手に入れたいと思っています。欲にはきりがありません。

《不貪》は、その欲を手放そうとするエネルギーであり、「与えよう」「施そう」とすることです。見返りなしに他人に何かをしてあげる。**施せば施すほど、私たちは《貪》から離れ、自由になります。**そして自分に自信がつき、力強く生きられるようになります。「分かちあう気持ち」だと理解してください。

共通善心所 33

不瞋（ふしん）

アドーサ　adosa

[やさしさと慈しみの気持ち]

怒りを減らそうとする意志

すべてを嫌わない人は、やさしく生きられる

《不瞋（ふしん）》とは、「怒り（いか）」がないこと。認識対象を嫌わない働きです。

生命に対する「やさしい気持ち」「友情」「慈しみの心」と言い換えられるでしょう。ブッダが推奨した「慈悲喜捨（じひきしゃ）」の四無量心（しむりょうしん）のうちの“慈”（mettā（メッター））に相当します。

仏教では、すべての命に対して限りないやさしさを持つことを説きます。相手にいくらひどいことをされても、「私は嫌わない、私に怒りはない」と落ち着いていられれば素晴らしいことです。相手がどうであろうと、あっけらかんとして、何を言われてもきれいな心で、ニコニコしている人こそ、人生の勝者です。

《不瞋》の善心所を育てるコツは、相手を好き嫌いの基準で判断しないことです。それだけで、慈しみの心が大きくなります。

共通善心所
34

中捨（ちゅうしゃ）

タトラマッジャッタター　tatramajjhattatā

[客観的な態度をとる働き]

冷静で平安な心がまえ

主観的な感情は置いておく

《中捨(ちゅうしゃ)》とは、「中立的、かたよらない」という意味です。

認識している対象に対して、「あれがいい、これがいい」と思わず、冷静に客観的な態度をとることをいいます。バランスのとれた態度ともいえます。

自分の好き嫌いといった主観的な感情は置いておき、落ち着いて行動する。《中捨》とは、そのような平安で落ち着いた心です。

人間の心は、意識していなければ必ずどこかにかたよるものです。

たとえば、簡単な仕事であれば、冷静にミスを犯さずにこなすことができます。その間は、心が冷静です。そこで、仕事の量を突然増やされたとします。すると心の冷静さがなくなります。仕事がイヤになったり、ミスを犯したりします。つまり、**常に冷静な心でいたほうが人生は成功する**ということでしょう。《中捨》とは、その働きをこなす心所のことです。

善行為をしても見返りを期待しない

ふつうの人は、ボランティアをするとき、相手から感謝されなければ、すぐに疲れてやめてしまいます。善行為をするために、感謝や感動など見返りを求めてしまいがちなのです。

しかし、見返りを求めて善行為をすると、《中捨》の心所が弱くなります。**《中捨》の心所を育てるためには、善行為をしても見返りを期待しないように気をつけます。**「やるべきことだからやっているだけ」という感じがいいでしょう。そして、平安で落ち着いた心、清らかな心の成長を自ら喜ぶことです。《中捨》の心所が成長すると、「自分だけがよければいい」という自分勝手な思いこみが消えて、「すべての生命は平等だ」というやさしい心になります。「慈悲喜捨(じひきしゃ)」の四無量心(しむりょうしん)のうち、すべての生命に平等に接するという“捨”(upekkhā(ウペッカー))に似た働きです。

共通善心所
35

身軽安（しんきょうあん）

カーヤパッサッディ　kāyapassaddhi

[身体の安らぎを感じる働き]

身体の落ち着き

共通善心所
36

心軽安（しんきょうあん）

チッタパッサッディ　cittapassaddhi

[心の安らぎを感じる働き]

心の落ち着き

リラックスしている状態にあこがれる

《身軽安(しんきょうあん)》(kāyapassaddhi カーヤパッサッディ)は、「**身体の落ち着き**」を意味します。
《心軽安(しんきょうあん)》(cittapassaddhi チッタパッサッディ)は、「**心の落ち着き**」を意味します。

共通する**「passaddhi(パッサッディ)」とは、「安息」「安らぎ」という意味です。**とても落ち着いていることです。暑いときに涼しい部屋に入ると、ホッとします。そういう、ホッとリラックスしている状態です。

パッサッディの反対は、イライラした、落ち着きがない状態です。

たとえば、用事があるのに台風で外出できないとしましょう。

「すごい暴風雨で大事な打ち合せに行けない」

そんなイライラしているときに、暴風雨がおさまり、小雨になってくる。

「これならカサをさして出かけられそうだ」

ホッとして出かける準備をする。

《身軽安》《心軽安》は、これに似たような心の状態です。

ヴィパッサナー瞑想の実践が進むと、ホッとした安らぎの状態を常に感じられるようになります。

「身体」と「心」のペアで成り立つ心所たち

35番《身軽安(しんきょうあん)》から46番《心端直性(しんたんちょくしょう)》までの12の善心所は、身体(kāya カーヤ)と心(citta チッタ)がペアになっています。

心の状況は確実に身体に現れ、身体に変化を起こします。たとえば、心が落ち着いて安らぎを感じると、身体も落ち着きや安らぎを感じるというように。ですから、ここからは「身体」と「心」を区別せずに、ペアで1つとして説明していきます。

「身体と心が相互依存で働く」ということは、一般社会でも常識だと思います。しかし、仏教の立場は微妙に異なります。身体は「地水火風」という物質ですが、全体に感覚が働いているので、単なるモノではなく、命のある物体(身体)として働くのです。心が優先的に物質を支配しているのです。しかし、心もわがまま勝手に行動することはできません。だから、相互依存ということになります。善心所は心の中身ですが、身体にも影響を与えるのだと理解しましょう。

共通善心所
37

身軽快性（しんきょうかいしょう）

カーヤラフター　kāyalahutā

[身体の軽やかさを感じる働き]

行動的な状態

共通善心所
38

心軽快性（しんきょうかいしょう）

チッタラフター　cittalahutā

[心の軽やかさを感じる働き]

心が明るい状態

元気で行動的になるために必要なものとは

元気に何かをするときは、身も心も軽いものです。

《身軽快性》(kāyalahutā) と《心軽快性》(cittalahutā) は、身も心も「軽い」という意味です。

前項の"軽安"(passaddhi) も「軽い」という意味ですが、"軽快性"(lahutā) とは似て非なるものです。パッサッディは、落ち着きや安らぎのなかにある軽さですが、**ラフターは、本当の軽さ、行動的になるために必要な精神的・身体的に軽い状態**をいいます。まさに「軽快」です。

小さな子どもと過ごしていれば、元気で明るく行動的であるためには身体と心が軽やかである必要性がよくわかります。子どもは、ちょっとでも面白くなければ駄々をこねて、その場に座りこみます。そしてもう動きません。そんなことが一日に何回もあります。面白くないと身体が本当に動かなくなるのです。

ところが自分にとって面白い場合は、1時間でも遊びつづけます。子どもは身も心も軽いから行動的になれるのです。

面白がる人は、明るく行動的になる

大人だって、身体や心が重いと行動できません。身体が軽いと心も軽くなります。逆もまた然りですね。

面白がっていない人は、身体もなかなか動かせないし、頭も働きません。たとえば、頭を使って仕事をするときでも、その仕事自体が面白くないと、頭が固くなってアイデアが出てきません。でも、面白がってみるとアイデアもザクザクと出てくるものです。

この法則を忘れてはいけません。常に身体と心を軽い状態にしておくことです。**もし明るく元気でなくなったら、なんとかして身心が軽くなる状況をつくるようにします。**そうすると、また元気になれるのです。

共通善心所 39

身柔軟性（しんにゅうなんしょう）

カーヤムドゥター　kāyamudutā

[身体が環境変化に応じる働き]

日々成長していく身体

身体はどんどん
成長していくよ

共通善心所 40

心柔軟性（しんにゅうなんしょう）

チッタムドゥター　cittamudutā

[心が環境変化に応じる働き]

日々成長していく心

成長するためには「柔軟性」が必要不可欠

《身柔軟性（しんにゅうなんしょう）》（kāyamudutā（カーヤムドゥター））と《心柔軟性（しんにゅうなんしょう）》（cittamudutā（チッタムドゥター））に共通する**「mudutā（ムドゥター）」とは、「柔軟さ」「柔らかさ」という意味です。**

《身柔軟性》と《心柔軟性》は、身体と心がソフトで柔らかいことです。身体や心が固くなったら何もできません。いつでも柔軟性があるとうまくいきます。「ソフトで柔らかい」というと、ちょっとしたことでも気にしたり、クヨクヨするように思われるかもしれませんが、《心柔軟性》は、その正反対です。ちょっとしたことを気に病みません。気に病むのは、状況の変化に対応できない弱い心です。《心柔軟性》がある心は強いのです。

《身柔軟性》については、柳の木を思いだしてください。台風が来たら、堅い木は倒されますが、「柳に風」ということわざがあるように、たおやかな柳の木は風をおだやかにあしらいます。《身柔軟性》は、そんなイメージです。

私たちが成長するには、身心の柔軟性が不可欠です。

正しく変われる人は、正しく成長する人

《心柔軟性》は、「頑固さ」の反対でもあります。頑固でいることは不善（悪）です。成長に逆らうことです。**日々成長するには、日々心が変わらなくてはいけません。それが柔軟性です。**正しく変わるならば、正しく成長します。「勉強したいけど心がついてこない」ということがあるでしょう。《心柔軟性》が育つとは、目的に心がついてくることです。

人との付き合いでも同じです。「だから何よ」という感じで他人に当たるのではなく、相手をよく理解しようとする《心柔軟性》が大切なのです。

共通善心所

41

身適合性（しんてきごうしょう）

カーヤカンマンニャター　kāyakammaññatā

[身体が正しい準備をしておく働き]

臨機応変の身体

何が起こっても大丈夫

共通善心所

42

心適合性（しんてきごうしょう）

チッタカンマンニャター　cittakammaññatā

[心が正しい準備をしておく働き]

臨機応変の心

そうきたか
それなら、こうしよう

「適合性」とは、身も心も動ける状態にしておくこと

《身適合性》(kāyakammaññatā) と《心適合性》(cittakammaññatā) に共通する**「kammaññatā」とは、「行動に適している状態」という意味です。**「機能的で行動的で活発な状態」をいいます。すぐに次の状況に対応できる状態にあることです。

適合性は、前項の“柔軟性”(mudutā) とセットです。**身体と心が柔らかいから、次にやる行動、ワーキングコンディションが整っていて動ける状態、自分の目的のために身心が動いてくれる状態でいられます。**

車でいうと、エンジンをかけてギアがニュートラルで運転手の操作を待っている状態です。前進でもバックでも、指示があればすぐに動きだせます。

優秀なスポーツ選手は、《身適合性》《心適合性》に優れています。どのような状況に対しても俊敏に動けるように、身体と心に信号を送りつづけているのです。そして、常にシャンとした正しい姿勢をとっています。

やらなければならないことを、ちゃんとできる人

適合性がある人は、やらなくてはならないことができる状態になっています。

柔軟性があるだけでは、「芯がない」「腰が据わっていない」「優柔不断」などの誤解に陥るかもしれません。しかし、柔軟性だけではなく適合性もあるから、動ける準備が整っているのです。「優柔不断」の反対の性質です。

共通善心所 43

身練達性（しんれんたつしょう）

カーヤパーグンニャター　kāyapāguññatā

[身体の経験を活用する働き]

企画にそって実行する身体

訓練してきたから大丈夫

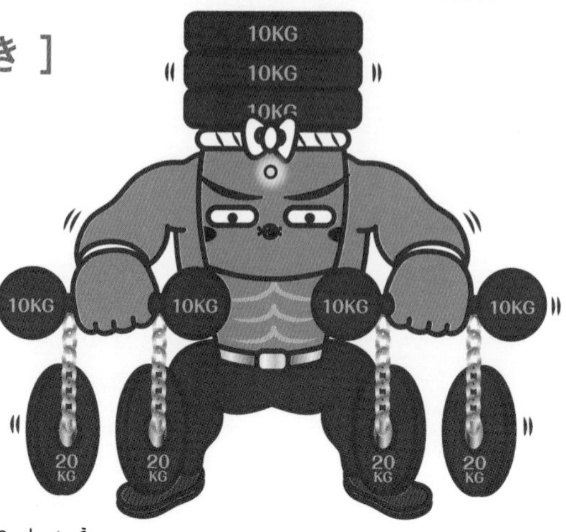

共通善心所 44

心練達性（しんれんたつしょう）

チッタパーグンニャター　cittapāguññatā

[心の経験を活用する働き]

企画を立てる心

今度も
成功間違いなし！

成功は、成功の以前に約束されている

《身練達性(しんれんたつしょう)》(kāyapāguññatā)(カーヤパーグンニャター) と《心練達性(しんれんたつしょう)》(cittapāguññatā)(チッタパーグンニャター) に共通する「pāguññatā(パーグンニャター)」とは、**「練習済み」「熟練性」という意味です。**「すでに経験がある状態、習熟した状態」をいいます。つまり、プロになっていることです。

練達性は、前項の"適合性(てきごうしょう)"(kammaññatā)(カンマンニャター) と似ているようで少しちがいます。適合性は、「動ける」というアクティブな状態です。練達性は、企画を立てられる状態です。適合性がある人は、その仕事をやろうとする身体と心の準備は整っているのですが、実行できる保証はありません。練達性は、実行できる状態です。

仕事が成功するときは、その仕事をする前からそれができる状態にあります。 **物事が成功する場合は、成功する以前に、適合性と練達性が備わっているのです。**

「練達性」は徐々に成長させるもの

《身練達性》《心練達性》があるということは、その物事に対して訓練・練習済みであり、身体と心がその物事に習熟した状態です。

たとえば、42.195 キロのフルマラソンを完走したいと思ったとしましょう。思っただけでは完走することはできません。たとえ走れる能力（適合性）があっても、練達性がないからです。そこで毎日数キロずつ距離を伸ばして訓練します。そうすると、はじめからあった能力が徐々に成長していきます。

こうして練習済みでマラソン大会に参加します。わかりますね。その人は、スタートラインに立った時点で、マラソンに対する熟練者となっています。完走は約束されているのです。

練習済みであれば、そのジャンルについてさまざまなことに適応できます。それがプロになっているということです。

共通善心所
45

しんたんちょくしょう

身端直性

カーユジュカター　kāyujjukatā

[あきらめない身体を育てる働き]

芯が通った行動力

イヤな仕事だけど、
よし、やろう！

共通善心所
46

しんたんちょくしょう

心端直性

チットゥジュカター　cittujjukatā

[あきらめない心を育てる働き]

決めたことをやり遂げる力

ゴールをまっすぐ見て、
キッチリやろう！

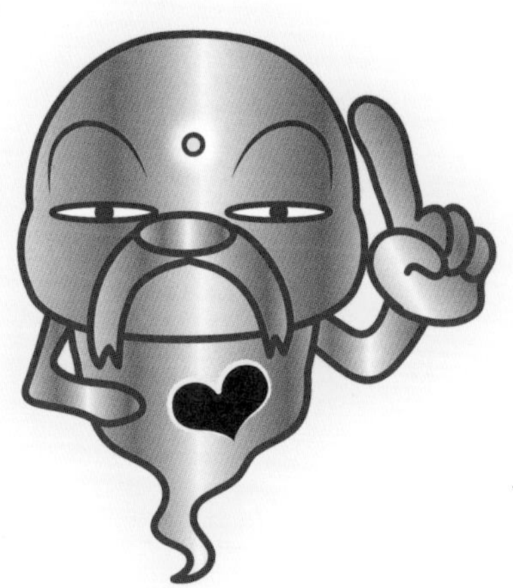

あきらめない行動力、やり遂げる強さ

《身端直性》(kāyujjukatā) と《心端直性》(cittujjukatā) に共通する **「ujjukatā」とは、「しっかり芯が通っている」という意味です。**決めた行動をまっすぐにやり遂げることです。心が揺れない状態、優柔不断でない状態です。

成功するためには仕事をやり遂げる強さが必要です。やるなら、「ちゃんとやる」と決めるのです。

イヤイヤではなく、「よし、やろう！」とやって、「はい、終わりました！」と最後までキッチリ終えることです。

じつは多くの人は、この端直性に欠けています。

「よし、やろう」と気持ちよく始めてみたものの、やり遂げる人は少ないものです。たいていは、言い訳をして逃げようとします。

端直性のある人は、行動的です。そしてストレートに、さっと仕事をやり遂げてしまいます。

共通善心所をバランスよく育てる

すでにお話ししたように、自分が成長するためには“柔軟性”(mudutā) が欠かせない条件です。しかし、そればかりでは優柔不断になり、目的に達することができません。目的に達するとは「成長する」「進歩する」ということです。

柔軟性はありつつも、いくら失敗しても、めげずにあきらめずに進む性格になる必要があります。このめげない性格が端直性です。成長するためには、柔軟性と端直性が必要なのです。

つまり、**善い人間の心のなかは、ここまで紹介した19の共通善心所のバランスがとれている**ということなのです。

善心所を項目ごとに自力で発見できないかもしれません。しかし、すべてをまとめて「善い人の性格である」と理解しておきましょう。

善心所

自粛心所（離心所）

ヴィラティ・チェータシカ
virati-cetasika

47 正語

サンマー・ヴァーチャー
sammā-vācā
言葉を操縦する働き

48 正業

サンマー・カンマンタ
sammā-kammanta
行動を操縦する働き

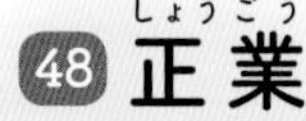

49 正命

サンマー・アージーヴァ
sammā-ājīva
生き方を操縦する働き

心を善に向けるために、あえて実践すべき、戒めになる心所です。
「戒律の心所」ともいえます。不善心所は、生命に本来ついているのです。
「自粛心所」とは、本能的に犯しやすい悪行為を意図的に抑えることです。
悪から離れる心所ということですね。
この３つの心所を学ぶだけで、人生はうまく操縦できます。

自粛心所

47

正語（しょうご）

サンマー・ヴァーチャー　sammā-vācā

[言葉を操縦する働き]

いかに悪語から離れられるか

口は災いの元、耳も災いの元

《正語》とは、読んで字のごとく「**正しい言葉で話す**」という意味です。

人は生きるうえで言葉のコントロールが欠かせません。何気なく口から出たひと言から、大変な問題が起こるのはよくあることです。「ほとんどの問題は、言葉から起こる」と言っても過言ではありません。

たとえ「誰かを傷つけてやろう」という悪意はなくても、悪い言葉を使うと善い結果にはなりません。**言葉はそれ自体が意味を持っていますから、その言葉の意味が自分の心に跳ねかえり、心を汚してしまいます。**

「口は災いの元」といいますが、「耳も災いの元」です。

世の中の人が話すことのほとんどは、自分の感情を表現しているだけ。それをまともに聞くからトラブルになったり、傷ついたりするのです。

話すときは、自分の言葉に気をつけてください。自分の言葉を操縦できれば《正語》を身につけたといえます。

戒律は、自分が守るもの

仏教では《正語》の実践として、「嘘」「陰口」「きつい言葉」「ムダ話」を戒めています。これら４つの悪語から離れるだけで、自然に正しい言葉を話せるようになります。

戒律とは、自分を悪から守る行為です。人は壊れた蛇口のように、口から悪語を流すのです。発する言葉が悪語にならないように気をつけるべきです。

誰しも悪語を嫌うのです。ですから、他人を指さして「悪語をしゃべるなよ」と注意します。自分で守っていない行為を他人に勧めるから、その注意も悪語になります。**「悪語を話さない」と、自分自身で自分を戒めなくてはいけない。**他人にアドバイスするかしないかは、別な話です。

自粛心所
48

正業（しょうごう）

サンマー・カンマンタ　sammā-kammanta

[行動を操縦する働き]

いかに悪行為から離れられるか

人生を不幸にする行動はしない

《正業》の"業"とは「身体でおこなう行為」のこと（32ページ参照）。**《正業》とは、「自分や他の生命、社会の害にならない行動をする」という意味です。**

具体的には、**「生き物を殺す＝殺生」「自分に権利のないものを取る＝不与取（偸盗）」「不道徳な性行為をする＝邪淫」という3つの悪行為から離れる**ことです。

たとえば、賄賂を受け取ったり、たいした仕事もせずに高い給料をもらったりすることも、他人のものを取る悪行為と同じです。「人生を不幸にする行動はしない」と決意し、《正業》の心所を育ててください。

心が清らかな人の行動は正しい

人間は誰でも自分の身体の操縦士です。巧みな操縦士は自分の身を守るだけでなく、他人にも害を与えないように操縦するのです。

自分が殺生をしないという行為は、他の生命に害を与えることなく、慈しむことです。他の生命に害を与えると、自分も必ず害を受けます。

盗みをしない人は、自分に与えられていないものを他人から奪わないのです。

たとえば、給料は与えられたものであり、奪ったものではありません。違法に他人のものを取ると、自分の財産も簡単になくしてしまうという結果になります。それが不幸です。

邪淫とは、自分の快楽だけを求めるわがままで自己中心的な行為です。相手に対する思いやりも責任感も、守ってあげる気持ちもないのです。自分の感情をコントロールできない人が不幸に陥ることは、決まっている法則です。

どんな人でも気の迷いから悪いおこないをしてしまう可能性を持っています。

心が清らかになれば、自然に行動も正しくなります。気をつけて、気をつけて、社会や他の生命のためになるような行動を心がけましょう。

自粛心所 49

正命（しょうみょう）

サンマー・アージーヴァ　sammā-ājīva

［ 生き方を操縦する働き ］

自分のため、他人のためになる行動をする

命あるものを不幸にするおこないはしない

《正命》（sammā-ājīva）の「ājīva」とは、「生き方」「生きるためにおこなう行為」という意味です。

現代的に言えば、「仕事」のことです。生きるためなら何をしてもいいわけではないのです。自分の生命をつなぐための行為（仕事）は、他の生命に害を与える、迷惑になる行為になってはならないのです。**自分の仕事で他の生命も助かっているならば、《正命》になります。**

具体的には、生計を立てるために「殺生（せっしょう）・偸盗（ちゅうとう）・邪淫（じゃいん）・悪語」という罪を犯さないことです。そのほかにブッダは、仏弟子がやめるべき商売として、武器の製造販売、酒や麻薬の製造販売、生き物の売買を挙げています。

《正命》とは、人の役に立つ仕事を選び、自然や社会、生命の破壊につながらないように仕事をすることです。品格を保ち、自分にとっても他人にとっても迷惑になる行為はしないように心がけましょう。

品格を保ち、清らかな人の行動は正しい

仕事の種類はたくさんあります。社会の変化とともに、その種類も増えたり減ったりします。仕事はなんであろうとも、それが他の生命の役に立つものでなくてはいけません。それは「品格のよい仕事」といいます。

仕事には上下関係はありません。しかし、どの程度、他の生命の役に立つのかということで、不必要ですが、上下関係を考えることも可能です。**自分の仕事の結果、人間も他の生命も環境も守られるのであれば、素晴らしいでしょう。**その人は、心を清らかに保つことができます。

人は、自分の力で、自分の命を維持して守らなくてはいけない。要するに、人間であるならば何かの仕事をしなくてはいけないのです。面倒くさいからと仕事をしたがらない人も世間にいますが、彼らは悪行為をしているのです。

仕事をするときには、できるだけ善心所を働かせて頑張ってください。とても善い結果が得られます。それは、儲（もう）かるお金の額ではなく、仕事をすればするほど自分の心が清らかになることです。

善心所

無量心所

アッパマンニャー・チェータシカ
appamaññā-cetasika

50 悲

カルナー
karunā

思いやりの心を育てる働き

51 喜

ムディター
muditā

他人の善いところを見つける働き

「慈悲」の心所です。
人間は本来、「自分さえよければいい」「他人のことは関係ない」という感情が勝っています。
だから、努力して自分以外のことを考え、思いやりの心を起こします。
その心に現れるのが「無量心所」です。

無量心所

50

悲

カルナー　karunā

[思いやりの心を育てる働き]

自己チューをしずめる

悩み苦しんでいる人を
好き嫌いなく助けたい

他人の苦しみを感じられる人になる

《悲》とは、他の生きとし生けるものの悩みや苦しみを助けようとするエネルギーです。なんの見返りも期待せず、「あなたは苦しんでいる。だから助けます」と、当たり前の気持ちで他人の苦しみをなくしてあげようとすることです。

好きな人が苦しんでいれば一緒に涙を流す人でも、嫌いな人が苦しんでいたら「ざまあみろ」と考えるのはよくあることです。私たちの心は、そのように自己中心的で恐ろしいものなのです。

他の生命の苦しみを感じられる人間になる。他人の悩み苦しみを理解し、心配し、「なんとかなってほしい、何かしてあげたい」と自然に素直に思える心を育てる。そうすると、醜くて汚い小さな心が、美しく香り高い大きな心になっていきます。このように《悲》の心所は限りなく育てることができます。なぜならば、命あるものは限りなくいるからです。無量心所の「無量」という言葉はその意味です。

《悲》の心所が育つと元気に、健康的になれる

どんな生命も苦しんでほしくないという思いは、気持ちのいい感情です。

「誰にも苦しんでほしくないから、何かしてあげられればいいな」と思える人は、「充実感」という喜びを感じて生きられます。《悲》の心所が生まれ、成長すると、心がとても元気になり、健康的になります。身体も、その存在を忘れるくらいまでに軽くなります。

見栄をはって「本当はイヤだけど、なんとかしてやさしくしよう」というのではなく、自然に心から湧いてくるエネルギーでなければ意味がありません。

そのためには、まず「自分の苦しみがなくなりますように」「自分の親しい生命の苦しみがなくなりますように」と念じるところから始めて、徐々に心の輪を広げていくことです。

無量心所

51

喜（き）

ムディター　muditā

[他人の善いところを見つける働き]

喜びの気持ちを広げ育てる

他人の善いところを見つけると、自分が楽しい

《喜》（muditā）は、他人の幸福を喜ぶエネルギーです。

「あの人にいい仕事が見つかってよかった」「あの人に子どもが授かってよかった」「あの人の商売が順調でよかった」――他人の幸福を見て、「ああ、よかった！」と自分も楽しくなるのです。

雑心所にも《喜》（pīti　53ページ参照）がありますが、それとは明確にちがいます。漢字が同じなので混同されがちですが、ピーティは、自然に心に起こる喜びのことです。ムディターは、他の生命の幸福を認識するときに起こる喜びです。心が汚れた人であるならば、他人が成功すると怒ったり嫉妬したりします。他の生命の成功を見て、自分のことのように感じられるように努力すると、ムディターという喜びが生じます。

ムディターは、「陰口やきつい言葉、嫉妬を言う心」とは正反対です。陰口を言う人は、他人の悪いところを探しています。**他人の幸福を喜ぶ人は、他人の善いところしか見ません。他の美徳を発見して、自分も楽しむのです。**

世の中で「ゴミを探す人」になるか「宝物を探す人」になるか。

ゴミばかり探す人は、毎日ゴミしか見えません。しかし、ゴミを見て楽しいわけはありません。宝物を探す人には、毎日宝物が見つかります。だから、楽しい経験だけが得られるのです。

無量心所は限りなく育てられる

ムディターも、前項の《悲》と同じく、まず自分の幸福、自分の親しい生命の幸福を喜んで自然な気持ちを感じてみて、その気持ちをどんどん広げていくのです。小さな喜びの心を限りなく大きく育てることができます。

生きることは終わりのない戦いです。苦しくなるし、疲れてしまうのです。無量心所を育てることで、この悪循環を転換できるのです。

善心所

智慧(ちえ)の心所(しんじょ)

パンニャー・チェータシカ
paññā-cetasika

52 慧根(えこん)

パンニンドゥリヤ
paññindriya
ありのままに観る力

仏教でいちばん大切なのは《慧根》の心所が現れることです。
《慧根》とは、悟りをひらく力になる智慧の心所です。
善心所のなかでも、たった１つの最高の宝物として特別に扱っています。

智慧の心所

52

慧根（えこん）

パンニンドゥリヤ　paññindriya

[ありのままに観る力]

善心所の司令官

仏教は「智慧」を得るためにある

《慧根（えこん）》とは、「物事をありのままに観（み）る力」のこと。皆さんになじみ深い仏教用語で言えば、「智慧（ちえ）」(pañña（パンニャー）) のことです。

「智慧こそ宝」というブッダの言葉があります。仏教でいちばん大切なのは、智慧が生じることです。智慧は、悟りをひらく力になります。

私たちは、自分の主観で物事を見ています。これまでの心所の解説でおわかりのように、感覚器官（眼耳鼻舌身意）に入る情報（色声香味触法）をありのままに正しく認識しません。自分の都合に合わせて情報を捏造するのです。情報が何であろうとも、それに関係なく自分の好き勝手に認識し、「自分の認識は正しい」と錯覚します。

智慧は、私たちの主観や偏見を破ることで現れる正しい認識です。

智慧は本来、生命に備わっていないのです。物事をありのままに観る訓練をすると、徐々に現れてくるのです。智慧によって、悪を本能としている人間の心は徐々に成長します。善行為をする人になります。やがて心清らかな善人になります。さらには、「苦」である命への一切の執着を捨てて、解脱に達するまで人格を育てあげます。智慧を《慧根》と呼ぶのは、そういうわけです。

最高の智慧は、悟りの境地

「怒ってはいけないなあ」「嫉妬はよくないなあ」「タバコは毒だ。やめなきゃ」「欲張ってはいけないぞ」――善行為をしようと頑張っている善人たちもけっこう苦労しています。善心所があるにもかかわらず、道徳判断はできても、煩悩はなくなりません。智慧がないからです。

智慧は、善の心で生きているだけでは生じません。智慧を生み、育てるためには修行が必要です。ヴィパッサナー瞑想によって《念》（95ページ参照）を強化します。不放逸を実践するのです。

智慧は“善心所の司令官”です。**智慧が育つことにより、その命令によって他のすべての善心所が正しく働いてくれます。**

仏教を学び、修行する人の心に智慧が育ちます。仏道修行は、最高の智慧である悟りの境地を体得するまで一本道で進むのです。

第5章

心と心所の結びつき

心所は結びついて働く

ここまで、「心」の働きである52の心所について、分類したリストにそって1つずつ紹介してきました。心所は、心のなかで互いに結びついて働きます。しかし、その結びつき方には法則があるのです。

アビダンマの入門テキスト『Abhidhammattha Saṅgaha』（摂阿毘達磨義論）には、さまざまなパターンに分けられた心のなかに、それぞれどの心所が溶けているかリストアップされています。

52の心所を組み合わせるパターンを覚えやすくするために、アビダンマでは89もしくは121種類の心が説かれています。そのなかに「欲界心」54種類が入っています。

欲界とは、身体を持って感覚の刺激（五欲）に依存する生命の次元です。それも省略して、「人間の次元」としましょう。次に紹介するのは、人間に起こりうる54種類の心をリストアップしたものです。

欲界心（54の心） カーマーワチャラ・チッタ kāmāvacara-citta

【欲界浄心】…24の善の心 カーマーワチャラ・ソーバナ・チッタ kāmāvacara-sobhana-citta

■大唯作心■ マハーキリヤ・チッタ mahākiriya-citta

“悟りの智慧”を完成させた人（阿羅漢）に起こる心。
完全に清らかな心なので、善のカルマすら残さない。
大善心に対応して8種類あるが、まったく別次元の心。

■大異熟心■ マハーヴィパーカ・チッタ mahāvipāka-citta

大善心の結果として、輪廻転生して生まれ変わる際に生まれる心。
大善心と同じく8種類あり、その人の性格を方向づける。

■大善心■ マハークサラ・チッタ mahākusala-citta

私たちがつくる善の心は8種類に分けられる。

①智慧があり、喜びとともにすばやく善をおこなう心

②智慧があり、喜びとともにのんびり善をおこなう心

③智慧があり、冷静にすばやく善をおこなう心

④智慧があり、冷静にのんびり善をおこなう心

⑤智慧がなく、喜びとともにすばやく善をおこなう心

⑥智慧がなく、喜びとともにのんびり善をおこなう心

⑦智慧がなく、冷静にすばやく善をおこなう心

⑧智慧がなく、冷静にのんびり善をおこなう心

【不善心】…12の悪の心　アクサラ・チッタ akusala-citta

■貪根心■　ローバ・ムーラチッタ　lobha-mūlacitta

好ましいものだと感じたら、欲の心が生じている。8種類ある。

① 邪見によって、楽しいから、進んで悪をする心

② 邪見によって、楽しくなくても、進んで悪をする心

③ 邪見によって、楽しいから、悪をしてしまう心

④ 邪見によって、楽しくなくても、悪をしてしまう心

⑤ 邪見はないが、楽しいから、進んで悪をする心

⑥ 邪見もなく、楽しくもないが、進んで悪をする心

⑦ 邪見はないが、楽しいから、悪をしてしまう心

⑧ 邪見もなく、楽しくもないが、悪をしてしまう心

■瞋根心■　ドーサ・ムーラチッタ　dosa-mūlacitta

イヤなものだと感じたら、怒りの心が生じている。2種類ある。

① 急に怒って、すぐに怒りが冷める心

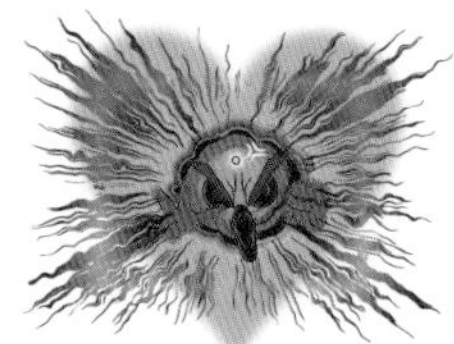

② 滅多に怒らないが、怒りが長く続く心

■痴根心■　モーハ・ムーラチッタ　moha-mūlacitta

何も感じないときには、自分の無知も善悪もわからない愚かさの心が生じている。2種類ある。

① 何も知りたくない、どうでもいい心

② 自分で何をやっているかわからない心

【無因心】…18の善でも悪でもない心　アヘートゥカ・チッタ　ahetuka-citta

■不善異熟心■

アクサラ・ヴィパーカ・チッタ　akusala-vipāka-citta

以前につくった悪の心の結果として生まれる心。7種類ある。

■無因善異熟心■

アヘートゥカ・クサラ・ヴィパーカ・チッタ　ahetuka-kusala-vipāka-citta

以前につくった善の心の結果として生まれる心。8種類ある。

■無因唯作心■

アヘートゥカ・キリヤ・ヴィパーカ・チッタ　ahetuka-kiriya-vipāka-citta

以後に影響をおよぼさない心。3種類ある。

① 「眼耳鼻舌身」が情報を受け取る前に準備する心
② 「意」が情報を受け取る前に準備する心
③ いつでもほほえんでいる悟った人の心

欲の心、怒りの心

まずは、「不善心」と心所の結びつきを見ていきましょう。

「欲＝《貪》」に基づく心を「貪根心」、「怒り＝《瞋》」に基づく心を「瞋根心」といいます。どちらも不善心所に基づく悪の心ですが、貪根心と瞋根心は性質が正反対なので同時には生まれません。

不善心所が働くときには、共一切心心所と雑心所も働いています。

じつは、大成功して名前を残す人は、貪根心を発端としていることが多いのです。お金を儲けたいとか、オリンピックで金メダルをとりたいと思ったら、その欲望を満たすために必死に努力するからです。

貪根心は、見るもの、聞くもの、味わうものなど、すべてを「ああ、楽しい。もっと欲しい」と受け入れて離れない心です。このポジティブな強烈な欲望に基づいて、行動するから成功しやすいのです。しかし、善心所を大きく育てないかぎり、道を踏みはずして不幸な人生に終わることになります。

一方、**瞋根心は、見るもの、聞くもの、味わうもの、すべてが楽しくないと感じる暗い心です。**物事や相手に逆らうので、なかなか成功しません。強烈な怒りに基づいて成功するのは、戦争を起こすことくらいです。結局は、善い結果にはなりません。

怒りの心をなくすためには、それに気づかなければなりません。

私たちが言う「怒り」とは、怒って文句を言う、暴力をふるうなどです。厳密に言えば、それは怒りの心が起こったあとの行為です。

心が暗くなった時点で、すでに怒っているのです。

文句を言ってはいけない、暴力をふるってはいけないと表面的な現象をおさえても、元の原因に気づかないかぎり、怒りの心をなくすことはできません。

嫉妬深い人、もの惜しみをする人、後悔する人

《嫉》《慳》《後悔》も「怒り」のグループに属する不善心所ですが、１つの心に同時には生まれません。

簡単に言えば、**自分が貧しいときには嫉妬し、豊かなときにはもの惜しみをします。**《嫉》と《慳》は、自分の立場が正反対のときに生まれる心所だから、一緒に生まれるのは不可能なのです。

後悔は、他人との関係ではなく、自分の過去についての怒りです。ですから、嫉妬やもの惜しみとは対象がまったくちがいます。

このように、嫉妬深い人、もの惜しみをする人、後悔する人の心のなかを理解することができます。

「愚かさ」が、悪の心の根源

「愚かさ＝《痴(ち)》」に基づく心を「痴根心(ちこんしん)」といいます。意欲がなく、とことん暗い心です。怒りの心とはちがう暗さです。

怒りは暗やみで燃えている行動的な暗さですが、愚かさは何もできない暗さです。意欲もない、興味もない、ボーッとした状態です。

つまり痴根心には、《勝結(しょうけつ)》《意欲(いよく)》の心所がなく、《惛沈(こんじん)》《睡眠(すいみん)》の心所が入ります。

欲の心にも、怒りの心にも、すべての悪の心に生まれるのが、「愚かさ」のグループに属する《痴(ち)》《無慚(むざん)》《無愧(むき)》《掉挙(じょうこ)》の４つの不善心所です。

自分で気づかなくても、必ずこの４つの不善心所が働いています。

私たちのすべての苦しみの原因は、「無常」「苦」「無我」の真理を認識できない《痴》にあります。《痴》の心所で生きることは、不幸になる道です。

私たち命あるものの本能は「貪瞋痴」です。心はふつう、「悪いことをしなさい」と誘惑しているのです。ですから、**私たちは「貪瞋痴」の煩悩から離れることができずに楽な道を選んで不幸になるのです。**

煩悩というのは、心の汚れです。

善の心と悪の心は混ざりません。たとえば、欲はなくても怒りがあるなら、完全に悪の心です。どんな行為でも、汚れた心でおこなうなら悪行為です。

「智慧」がなくても善は善

善の心には、「不貪」「不瞋」「不痴」の３つがあります。

不貪は、欲のない心です。

不瞋は、怒りのない心です。

不痴は、無知ではない心、つまり智慧が働いている心です。

善行為をする場合は、不貪と不瞋が必ず働いています。けれども不痴は、働く場合と、働かない場合があります。この不痴が智慧です。

「智慧」とひと言で言っても、いろいろあります。

ブッダのような真理を知る完全な智慧ではなくても、

「善いことをしたら善い結果が出る。悪いことをしたら悪い結果が出る」

これだけでも智慧です。 智慧がないからといって、その心や行為が不善（悪）というわけではありません。人間は智慧がなくても善をおこなえます。ただし**「心を成長させるべき」という観点から見れば、智慧があることが重要です**（131ページ参照）。

善行為をするためにはエネルギーがいる

悪から離れる離心所（りしんじょ）という《正語（しょうご）》《正業（しょうごう）》《正命（しょうみょう）》も、１つの心に一緒には生まれません。その都度その都度、別々に生まれるのです。たとえば話すとき、嘘をつかないように気をつけると《正語》の心所が働きます。身体でおこないをするとき、行為に合わせて《正業》の心所が働きます。その行為が仕事であるならば、《正命》の心所の出番です。悟りに達しないかぎり、これらの心所は同時に仕事をしません。

《正語》《正業》《正命》の３つは、戒律を守らせる心所でもあります。しかし、私たち命あるものの本能は「貪瞋痴」の不善心所（悪）なので、道徳を守る気持ちは自然には起きません。道徳を犯す気持ちは自然に生まれます。

ですから**道徳的な生き方をしようとすると、あえて努力しなくてはいけないのです。**その努力を引き起こす心所を《精進（しょうじん）》というのです。

ブッダの教えである「八正道（はっしょうどう）」の修行を実践し、“悟りの智慧（ちえ）”を完成した心には《正語》《正業》《正命》の心所が同時に現れるようになります。

「八正道」の修行とは、心を一つひとつの徳目（とくもく）（心所）に集中して、完成させていく特別な訓練なのです。

八正道

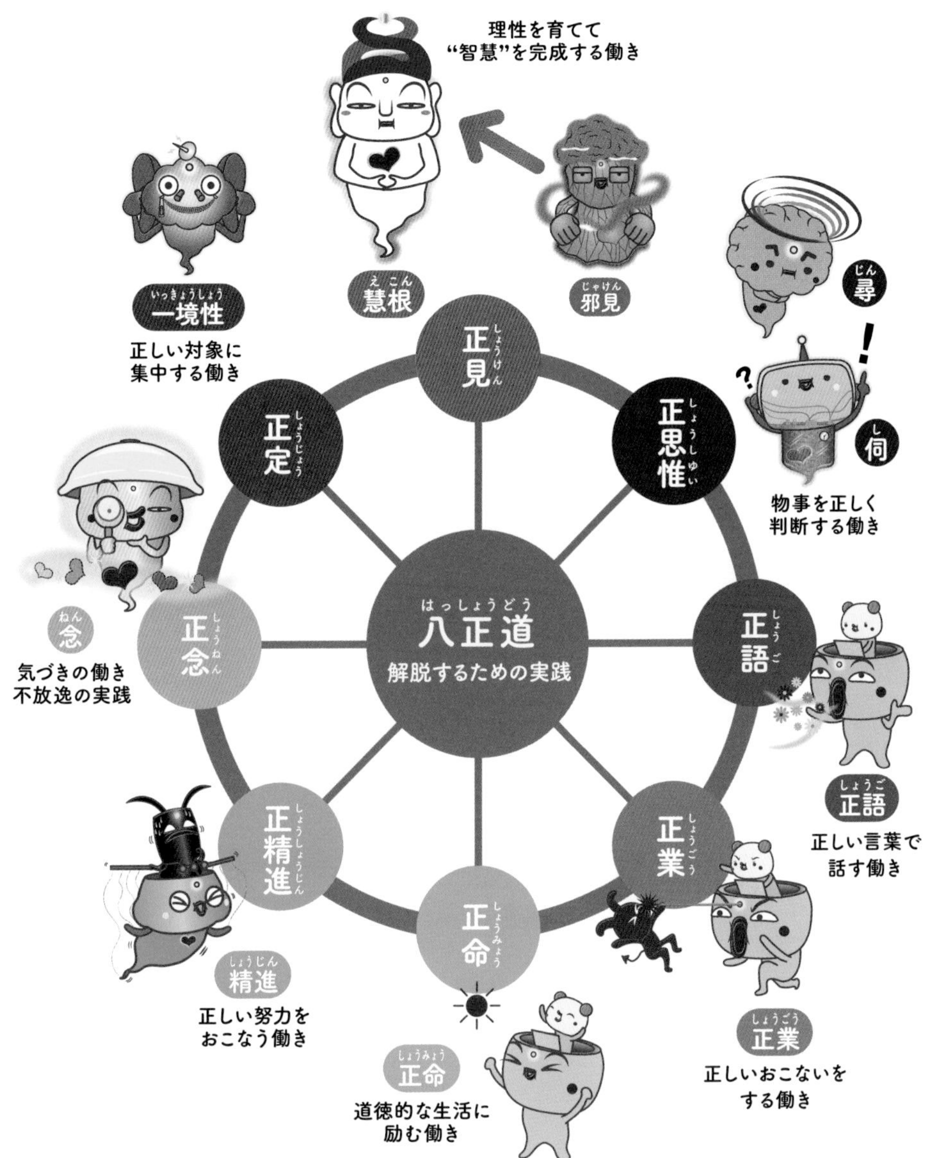

理性を育てて
"智慧"を完成する働き
慧根
邪見
一境性
正しい対象に
集中する働き
尋
伺
物事を正しく
判断する働き
正見
正思惟
正定
八正道
解脱するための実践
正念
正語
正精進
正業
正命
念
気づきの働き
不放逸の実践
正語
正しい言葉で
話す働き
精進
正しい努力を
おこなう働き
正業
正しいおこないを
する働き
正命
道徳的な生活に
励む働き

日常の行為を善の心でおこなうと「智慧」が生まれる

ブッダは「思いやりの心で夫（妻）や子どもの面倒をみて、家を守って、ふつうの生活をすれば、幸せになれますよ」と言いました。「善行為をして徳を積まないと幸せにはなれません」「宗教を信じなければ不幸になります」などとは言いません。

人間は無知だから、自分の喜びばかり追い求め、ふつうの生活をないがしろにして苦しみを背負ってしまうのです。**ほんの少しの智慧（ちえ）が働くことで、日常の生活が明るく楽しくなり、ストレスのたまらない生き方になるのです。**そのためには特別な勉強も我慢もいりません。欲や怒りの心に気づくだけで、幸せな人生になります。

生き方はあくまでも自分次第です。掃除をするときでも、仕方なく早く済ませたいとせかせかやれば、何十年経っても、なんの智慧も生まれてきません。ゴミやホコリの動きを観察すれば、上から下へ、奥から外へ掃除したほうが効率的だという智慧が生まれます。

気づくことは、共通善心所のひとつである《念（ねん）》の働きです。瞬間瞬間、気づきをもって日常の所作をするならば、それは善行為になるのです。

日常のつまらない仕事でも、落ち着いてしっかり観察して善の心でおこなうと善行為となって徳を積むことにもなり、仕事が楽しくなります。

掃除や洗濯をしながら、料理をつくりながら、ごはんを食べながら、お風呂に入りながら、真理を発見できます。これが《慧根（えこん）》の心所の働きです。

善行為は何度でも思いだすべし

幸せになりたいと願う人にとって、大切なのは善心所です。

善心所で生きると、善いことをしようとするときも明るく、している最中も明るく、あとで思いだしても「ああ、あのときはいいことをした。よかった」とうれしくなります。そうすると、「あなたもよくやったよ」と心が自分をほめてくれます。このように**自分の良心がほめてくれる行動は、思いだせばだすほど、自分自身を元気にしてくれます。**

これは、自慢とはちがいます。

自慢は、自分のおこないを自分自身で高く評価して、他人に言いふらすことです。自分を他人とくらべる不善心所の《慢（まん）》です。

しかし、自分の良心が自分をほめることは、自分自身を認めることであり、さらに自分自身を活発にして、善行為につながります。

何度でも、善いことをしたことを思いだすたびに、明るい気持ちがよみがえって、心に善心所が生まれるのです。

「瞑想」とは、認識を管理すること

私たちが「心所」の勉強をするのは、自分の心を正しい方向に育てるためです。正しく研究していけば、心の働きを理解できるようになります。

最後に、心を正しい方向に育てるための瞑想について、簡単に説明しておきます。自分でも瞑想に取り組んでみたい方は、瞑想のやり方を解説した書籍や日本テーラワーダ仏教協会のYouTubeチャンネルをご覧ください。

■やさしい心を育てる「慈悲の瞑想」

「どうすれば、皆と仲よく幸福に生きられるか」という問題に答えてくれるのが、慈悲の瞑想です。

慈悲の瞑想は、本書でも何度か紹介している「サマーディ瞑想」のひとつです。「慈悲喜捨」の四無量心、つまり《不瞋》《悲》《喜》（mudita）《中捨》の４つの善心所を育てる方法ですが、むずかしく考える必要はありません。

「生きとし生けるものが幸せでありますように」などの言葉を、心をこめて念じることで、小さな心の殻を破って限りなく広大な心に育てるのです。

幸福になるために、人生で成功するために、平和で争いがなく、生命が共存していくためには、四無量心という「やさしさ」をどこまでも広げていくことをブッダは推奨するのです。

■“悟りの智慧”を得る「ヴィパッサナー瞑想」

私たちが心の成長のゴールとして目指すのは、悟りの境地です。

つまり、輪廻からの解脱です。そのための修行が、一切の現象をありのままに観察する「ヴィパッサナー瞑想」です。

これは《慧根》の心所を最大・最強に育てる修行方法です。《慧根》が成長するにつれて、おのずと煩悩が薄くなり、人格が向上します。やがて“悟りの智慧”を完成すれば、第5章の冒頭で述べた「大唯作心」（131ページ参照）が生まれるのです。

あとがき

仏教に興味を持って実践に励む人々は、複雑でややこしいアビダンマを学ばなくても、ブッダが説かれた経典を参考にすれば、問題なく成長します。しかし、仏教は世にある宗教の１つではないということも理解してほしいのです。

ブッダの教えは暗い信仰とは無縁です。仏教は完成した知識と智慧の世界です。現代科学でもおよばない精密な心の働きまで知り尽くして語っている教えです。ですから、仏教に興味を持つ人々は確信と勇気を持って明るく頑張ってほしいと思います。この本を通して、そのことを理解していただけたならば、私たちの努力は大成功を収めたと一人勝手に納得することができます。

最後にひと言。この本では52の心所について個別に説明しましたが、よくわからないところがあることは当然です。一般的な知識能力では、心所を明確に区別することはできません。ですから、心所の説明は本人さえも気づかない、自分自身の性格の分析だと理解してください。そのほうが気楽に勉強できると思います。

アルボムッレ・スマナサーラ

【参考文献】

『ブッダの実践心理学　アビダンマ講義シリーズ』
第一巻「物質の分析」／第二巻「心の分析」
第三巻「心所（心の中身）の分析」／第四巻「心の生滅の分析」
第五巻「業（カルマ）と輪廻の分析」／第六巻「縁起の分析」
第七巻,第八巻合冊版「瞑想と悟りの分析（サマタ瞑想編・ヴィパッサナー瞑想編）」
アルボムッレ・スマナサーラ／藤本晃著（サンガ）

『心の中はどうなってるの？ 役立つ初期仏教法話５』
アルボムッレ・スマナサーラ著（サンガ新書）

『自分を変える気づきの瞑想法』
アルボムッレ・スマナサーラ著（サンガ）

『慈悲の瞑想〔フルバージョン〕』
アルボムッレ・スマナサーラ著（サンガ）

アルボムッレ・スマナサーラ

スリランカ上座仏教（テーラワーダ仏教）長老。1945年、スリランカ生まれ。
13歳で出家得度。国立ケラニヤ大学で仏教哲学の教鞭をとったのち、1980年に国費留学生として来日。駒澤大学大学院博士課程で道元の思想を研究。現在、宗教法人日本テーラワーダ仏教協会で初期仏教の伝道と瞑想指導に従事し、ブッダの根本の教えを説きつづけている。朝日カルチャーセンター（東京）の講師を務めるほか、NHKテレビ「こころの時代」などにも出演。著書に『自分を変える気づきの瞑想法【第3版】』『ブッダの実践心理学』全8巻（藤本晃氏との共著、以上、サンガ）、『怒らないこと』『無常の見方』『無我の見方』（以上、サンガ新書）、『もう迷わなくなる最良の選択　人生を後悔しない決断思考の磨き方』（誠文堂新光社）など多数。

いとうみつる

広告デザイナーを経てイラストレーターに転身。ほのぼのとした雰囲気のなか、“ゆるくコミカル”な感覚のキャラクターが人気。おもな著書は、『栄養素キャラクター図鑑』をはじめとするキャラクター図鑑シリーズ（日本図書センター）、『ベニクラゲは不老不死』（時事通信社）、『こどもおしごとキャラクター図鑑』（宝島社）、『キャラ絵で学ぶ！仏教図鑑』『キャラ絵で学ぶ！神道図鑑』（すばる舎）ほか多数。

企画協力：佐藤哲朗（日本テーラワーダ仏教協会）
デザインDTP：秋山京子
アートディレクション：澤村桃華（プリ・テック）
編集協力：小松卓郎／小松幸枝（小松事務所）
校正：佐野順子
出版協力：中野健彦（ブックリンケージ）

52の「心所」で読み解く仏教心理学入門
ブッダが教える心の仕組み

2020年9月19日　発　行
2023年2月13日　第2刷

NDC180

著　者　アルボムッレ・スマナサーラ
イラスト　いとうみつる

発行者　小川雄一
発行所　株式会社 誠文堂新光社
〒113-0033 東京都文京区本郷3-3-11
電話 03-5800-5780
https://www.seibundo-shinkosha.net/

印刷所　株式会社 大熊整美堂
製本所　和光堂 株式会社

ISBN978-4-416-52043-7